Ye 13895

RECUEIL
DE
CHANSONS
ROMANCES
CHANSONNETTES, SCÈNES COMIQUES

L'éditeur déclare se réserver les droits de reproduction et de traduction à l'étranger.

Ce volume a été déposé au Ministère (direction de la Librairie), le   **186**

Paris. — Typ. Beaulé, rue Jacques de Brosse, 10.

ALBUM

DU

GAI CHANTEUR

TOME QUATRIÈME

PARIS

A. HURÉ, LIBRAIRE-ÉDITEUR

14, rue du Petit-Carreau, 14

1863

LE PETIT BORDEAUX

CHANSONNETTE.

Paroles de A. LIORAT, Musique de J. JAVELOT.

La Musique se trouve chez **A. HURÉ**, libraire-éditeur, à Paris, rue Dauphine, n° 44, près le Pont-Neuf

Petit cigare à robe grise,
Humble et terne comme un grillon,
Par toi le monde fraternise,
Noble et manant, luxe et haillon.
Gousset plat comme bourse pleine,
    La farira dondaine,
Avec un sou tous sont égaux
Devant le petit bordeaux.
Devant le petit bor, bor, bor, bor, bor,
    La farira dondaine,
Devant le petit bor, bor, bor, bor, bor,
Devant le petit bordeaux.

Quand le soleil, triste et maussade,
Ne rit plus dans son palais bleu,
Et que sur la terre malade
Souffrent les vignes du bon Dieu,
Résigné comme Diogène,
    La farira dondaine,
Sur le ventre creux des tonneaux,
Je fume un petit bordeaux.
Je fume un petit bor, bor, bor, bor, bor,
    La farira dondaine,
Je fume un petit bor, bor, bor, bor, bor,
Je fume un petit bordeaux.

Album du Gai chanteur.   4° vol. 61° Livraison.

Lorsque le soir Rose, infidèle,
Ne rentre pas à la maison,
Quand je vois s'user ma chandelle,
Quand je vois pâlir mon tison,
Pour oublier misère et peine,
  La farira dondaine,
Je me couche et sous mes rideaux
J'allume un petit bordeaux.
J'allume un petit bor, bor, bor, bor, bor,
  La farira dondaine,
J'allume un petit bor, bor bor, bor, bor,
J'allume un petit bordeaux.

Si quelques jours dans nos murailles
Venaient camper les ennemis,
Pour célébrer leurs funérailles,
Nous sauterions avec Paris ;
Et nous allumerions sans peine,
  La farira dondaine,
La poudre de nos arsenaux
Avec un petit bordeaux.
Avec un petit bor, bor, bor, bor, bor,
  La farira dondaine,
Avec un petit bor, bor, bor, bor, bor,
Avec un petit bordeaux.

Puisque la nature enrhumée
Est sans vendange et sans printemps,
Il faut bien un peu de fumée
Pour consoler des mauvais temps.
Si le pauvre, un jour par semaine,
  La farira dondaine,
En Espagne fait des châteaux,
C'est grâce au petit bordeaux.
C'est grâce au petit bor, bor, bor, bor, bor,
  La farira dondaine,
C'est grâce au petit bor, bor, bor, bor, bor,
C'est grâce au petit bordeaux.

LES CHANSONS DE
BÉRANGER

CHANSON.

Paroles de **J. ÉVRARD.**

Air *de la bonne Vieille,*
ou Air *de la Grisette charitable.*

Sur un esquif bercé par l'Espérance,
Non loin des bords d'un poétique flot,
Là, des proscrits adressent à la France
Un chant d'amour qui passe avec le flot.
Ému de pleurs, l'un d'eux soudain s'écrie,
« Brise du soir, que tous nous bénissons,
« Si tu nous viens de la mère-patrie,
« De Béranger redis-nous les chansons. »

« Jeunes, amis, vous avez dû sourire
« A ses refrains, tous il nous a bercé.
« Le cœur tressaille aux accents de sa lyre,
« Le souvenir n'en est point effacé.
« Pour nous montrer la liberté bannie,
« Sa muse avait de sublimes leçons...
« Esprit et cœur sont frères du génie,
« De Béranger répétons les chansons.

« Quelle belle âme égalera la sienne ?
« Que flatte-t-il ? — Rien que l'adversité !
« Et dans tel cœur que l'indigence advienne,
« Il fait chérir jusqu'à la pauvreté !
« Bien loin de lui, sur la vague inquiète,
« Loin des amours, qu'enfants, nous bénissons !
« Pour honorer le chantre de Lisette,
« De Béranger répétons les chansons ! »

« Las ! dit la brise, il n'est plus de ce monde,
« Le chantre aimé dont vous parlez, amis ;
« Ah ! que de pleurs votre œil mouillé s'inonde :
« Sa muse aussi chanta pour les proscrits.
« Libre, là-bas, qu'il dorme sous la terre,
« Son luth glacé ne rend plus d'autres sons ;
« Pris, le front ceint du vert laurier d'Homère,
« [illegible] chansons ! »

LE CABARET
DU LAPIN BLANC.

Air *du Tonneau.*

Entre les deux bras de la Seine,
Il est une vieille maison
Que le jour éclaire avec peine ;
On pourrait s'y croire en prison.
Ce cabaret si populaire,
Chanté par un fameux roman,
Porte cette enseigne vulgaire :
Le Lapin blanc, le Lapin blanc.

Les murs de la sombre boutique
De mauvais vers sont tapissés ;
Le nouveau se mêle à l'antique,
Mille objets y sont entassés :
Auprès d'une Vierge moderne
Est un Silène chancelant,
Semblant protéger la taverne
Du Lapin blanc, du Lapin blanc.

Autour d'une table boiteuse
Le cœur léger, la bourse aussi,
Se presse une troupe joyeuse,
Narguant le chagrin, le souci;
Puis, une effrayante légende,
Que l'on vend pour argent comptant,
Donne un air suspect à la bande
Du Lapin blanc, du Lapin blanc.

Nobles amateurs de l'histoire
Qui rendez visite au taudis,
Ne chargez pas votre mémoire
Des noirs mystères de Paris.
Qu'espérez-vous y voir de drôle ?
Un animal intelligent !
Il joue on ne peut mieux son rôle,
Le Lapin blanc, le Lapin blanc,

Puisque la loi veut que tout passe,
Que fera-t-on du vieux Lapin ?
Si dans quelques jours il trépasse,
Comment s'accomplira sa fin ?
Mais, ô douleur, chacun sanglotte,
Un chiffonnier du Tapis franc
Doit ensevelir dans sa hotte
Le Lapin blanc, le Lapin blanc.

Philibert LABERTHE.

LE PETIT PLUMET

Air : *de Calpigi.*
ou, *Ça d'vais bien l' géner sur le moment.*

Où peut-on être mieux qu'à table !
Il est, je crois, bien pardonnable,
Entre francs amis et bon vins,
D'oublier soucis et chagrins.   (*bis.*)
Suivons l'exemple de nos pères,
En dépit des gens trop sévères,
Entonnons un joyeux couplet
Et risquons un petit plumet.   (*bis.*)

Le plumet, puissance magique,
Comme une étincelle électrique,
Aux festins pour nous retenir,
Éclate sans nous prévenir.   (*bis.*)
Bénissant la froide étiquette,
Aux voisines contant fleurette,
Le convive est tout guilleret
Quand il a son petit plumet.   (*bis.*)

La gaîté circule à la ronde,
Et l'esprit luit pour tout le monde,
C'est une grêle de bons mots ;
Le vin inspire les plus sots.   (*bis.*)
Gai ! qu'on s'amuse et qu'on rigole ;
Qu'on est heureux et qu'on est drôle,
Quand on peut se dire complet,
Et qu'on a son petit plumet.   (*bis.*)

Si, parfois, Berthe la maussade,
En soupirant lance une œillade,
C'est que du Bordeaux la chaleur
Déride sa mauvaise humeur.   (*bis.*)
Et toi, ma gentille Suzette
J'aime à te voir, perdant la tête,
Jeter au diable ton bonnet,
Quand tu tiens ton petit plumet.   (*bis.*)

On dit que tout passe sur terre :
Le plumet, lui, doit toujours plaire,
Et, de siècle en siècle adopté,
A son brevet d'éternité.   (*bis.*)
Noé sut le mettre à la mode,
Et de Paris à l'antipode,
Le vrai boute-en-train du banquet,
C'est toujours le petit plumet.   (*bis.*)

E. PRUDHOMMEAUX.

LA GRRRRRANDE COMPLAINTE
DE
PYRAME ET THISBÉ

DUO POT-POURRI.

Interprété au Café du Géant par M. ARNAUD et Melle CICO.

Paroles d'**Adolphe Joly**.

PERSONNAGES :
VITRIOL, CIBOULETTE.

VITRIOL.

Ah ! voilà ce qui vient de paraître, ça n' se vend que dix centimes à tout l' monde : c'est la grande complainte historique, véridique et mythologique de Pyrame et Thisbé.

CIBOULETTE.

Allons y carrément.

VITRIOL.

AIR : *Du Laïtou.*

Il était, dans les temps,
Une paire d'amants
(Le fait est positif),
Qui s'aimaient pour le bon motif.

ENSEMBLE : { Laïtou, laïtou la laire, } *bis.*
{ Laïtou, laïtou la la ! }

CIBOULETTE.

AIR : *Mille noms d'un chien à coups d' pieds.*

L'amante, au joli nez r'troussé,
Se nommait mam'zelle Thisbé.

VITRIOL.

Son amant s'appelait Pyrame ;
Or, ce Pyrame, nom d'un chien !
N'avait que son cœur pour tout bien.
L' pèr' de Thisbé, riche et bon musicien.
Leur dit d' filer... une autre gamme.

AIR : *Écoute, écoute, écoute.*

Écoute, écoute, écoute, écoute
Que, dit Pyrame à Thisbé),
(Écoute, écoute, écoute, écoute,
Un amant infortuné.

CIBOULETTE, *faisant des manières.*
AIR : *Drin ! drin !*

Non, non, je n' veux pas :
Ça f'rait d' la peine a nos papas.
Non, non, je n' veux pas
(A moins qu' vous n' parliez bas).

VITRIOL.
AIR : *Au clair de la lune.*

Au clair de la lune,
Au chant des pierrots,
J' vais tailler ma plume
Pour te peindr' mes maux.
La chandelle est chère ;
Pour comble de deuil,
L'épicier, ma chère,
Ne veut plus m' fair' l'œil.

AIR : *Dans une tour obscure.*

Ton amant se lamente :
Mets ta main dans sa main ;
(*Il lui prend la main.*)
Mets ton sein sur son sein :
T'es diablement méchante !
Vois, je pleure comme un grand veau
Et je m'enrhume du cerveau.
(*Il éternue.*)
Atchi!
Attendris-toi, cruelle,
Vois, vois, mon désespoir :
Un doux baiser, ma belle,
Et prêt'-moi ton mouchoir.
(*Il éternue.*)
Atchi!
(CIBOULETTE *lui donne un mouchoir ; ils éternuent ensemble.*)
Atchi !

CIBOULLETE.
AIR : *Turlurette.*

Mon père est un vieux grigou
Et vous n'avez pas le sou.
Vous êtes, pour une fillette
Turlurette!
Turlurette!
Une pauvre emplette.

VITRIOL.

(Parlé.) Pyrame est pâle et défait, (ce qui en fiat toujours de l'effet) ; il répond d'une voix émue :

Air : *Allons nous-en, gens de la noce.*

Allons nous-en fair' notre noce,
Allons nous-en bien loin d'ici ;
Puisque ton père est si féroce,
Fichons le camp,

CIBOULETTE.

Ça m' va, chéri.
A papa nous feront la nique ;
Pour Carpantras ou pour Pékin,
Partons dès d'main,
De grand matin :
Nous ferons un joli piqu'-nique.
A trois francs par têt', sans le vin.

VITRIOL.

Bravo ! ça marche. Là-dessus, l' futur fait l' menu.

(*Il compte sur ses doigts.*)

« J'aurai une tête de veau, des pieds d' cochon, des oreilles frites... »

CIBOULETTE.

« Et après l' festin, ajoute la p'tite, nous pincerons un quadrille sur un air nouveau.

ENSEMBLE, *en dansant.*

Air : *A la monaco.*

Un p'tit cotillon,
Qu'on danse
Avec décence,   } bis.
Un p'tit cotillon,
Au son du violon.

VITRIOL.

Le théâtre représente un mur âgé : un mur mûr ; près de ce mur, un mûrier chargé de mûres ; au pied de ce mur mûr, la mer murmure.

CIBOULETTE.

Air : *Bonjour mon ami Vincent.*

Thisbé dormait comme un roc
Et faisait un vilain rêve ;
Lorsqu'elle entendit le coq ;
En deux temps elle se lève.

Elle court aux lieux... de son rendez-vous,
Et comme elle était sens dessus dessous,
V'là que d' son chapeau le voil' se soulève ;
C'te fill' s'en retourn' pour prendre son pépin,
    Mais un affreux chien,
    Un canich' malsain,
Sur le voil' tombé, dépos'... son venin.

VITRIOL.

AIR: *Voyez sur cette roche* (Fra-Diavolo).

Il arrive, il arrive,
Avec deux billets de ch'min d' fer,
En trouvant l' voile il crie : enfer !
Thisbé n'est plus, c'est clair.

(*Il fait le tour de la scène en criant la première syllabe de Thisbé.*)

This... bé, si t'as cassé ta pipe,
Je n' mang'rai plus de fripe,
Troun de lair !... troun de lair !... troun de l'air !...
Troun de l'air !... troun de l'air !...

(*Il tire de sa poche un poireau cru, fait le geste de repasser un couteau, et se tâte pour savoir où est son cœur ; puis il chante d'une voix sourde.*)

AIR connu.

« Je vais me percer le flanc,
    Ran tan plan !
Je laiss' tout en plan. »
Puis il se perce le flanc
    Avec une serpette.
Il tombe sur l'herbette,
En disant d'un air bête :
Je me suis percé le flanc
    Avec une serpette.

(*Il se place contre une coulisse, se tient raide en fermant les yeux et ne bouge plus.*)

CIBOULETTE.

AIR : *Ah ! c' cadet-là.*

Ah ! c' cadet-là, quel pif qu'il a ;
Pendant qu'il se tortille,
Thisbé sur son grand tra la la !
Arrive sous la charmille.
    Frétille,
    Gambille,
    S' tortille.

CIBOULETTE *va regarder Vitriol sous le nez, elle lui soulève un bras qui retombe avec raideur, en frappant le décor, puis l'autre; Vitriol ne bouge pas de place.*

AIR: *de Malbrough s'en va t'en guerre.*

Mossieur Pyrame est mort,
Miroton, miroton, mirotaine,
Mossieur Pyrame est mort;
On l'aura chouriné :
Pyrame entend Thisbé,
« Ta ti... ti.. ta Thisbé. »
Ell' ramass' l'eustache
Et trois fois dans son beau sein le cache ;
Ell' ramass' l'eustache
Et se coupe le col.

Elle fait le geste de se scier le cou, puis se place contre l'autre coulisse, en fermant les yeux et se tient immobile.)

VITRIOL, *les yeux fermés et sans bouger de place.*

AIR: *de Fualdès.*

Pyrame meurt sans mot dire,
Sans maudir' son triste sort;
Thisbé meurt auprès du mort,
Puis son papa vient s'occire.
Enfin l' chien, de désespoir,
Va s' nayer à l'abreuvoir.

CIBOULETTE, *pleurant avec des sanglots.*
Pau...au...vre bête, va.

CIBOULETTE.
AIR: *Il était un p'tit homme.*

De ces amants fidèles,
Déplorons le malheur,
La douleur ;
Prenons-les pour modèles
Et sur des gais flons-flons,
Répétons :
Que ces tendres amours,
N' sont plus de nos jours :
C'est trop fort de café.

VITRIOL.
Pleurons Py... Py...
CIBOULETTE.
Pleurons Py... Py... } *bis.*
ENSEMBLE.
Pyrame et sa Thisbé.

AU CLAIR DE LA LUNE

Au clair de la lune,
Mon ami Pierrot,
Prête-moi ta plume
Pour écrire un mot.
Ma chandelle est morte,
Je n'ai plus de feu :
Ouvre-moi ta porte
Pour l'amour de Dieu.

Au clair de la lune,
Pierrot répondit :
Je n'ai pas de plume,
Je suis dans mon lit.
Va chez la voisine,
Je crois qu'elle y est,
Car dans sa cuisine
On bat le briquet.

Au clair de la lune,
L'aimable Lubin,
Frappe chez la brune.
Ell' répond soudain :
Qui frapp' de la sorte ?
Il dit à son tour :
Ouvrez votre porte
Pour le dieu d'amour.

Au clair de la lune,
On y voit qu'un peu :
On chercha la plume,
On chercha du feu.
En cherchant d'la sorte,
Je n'sais c'qu'on trouva :
Mais j'sais que la porte
Sur eux se ferma.

Paris, A. HURÉ, éditeur et seul propriétaire.
rue Dauphine, 44, près le Pont-Neuf.

---

*Tout exemplaire non revêtu du timbre de l'éditeur
sera poursuivi comme contrefaçon.*

Paris — Typ. BEAULÉ, 10, rue Jacques de Brosse.

LE VRAI MOMUSIEN

CHANSON BACHIQUE.

Paroles de **DECOUR**.

La Musique se trouve chez **A. HURÉ**, libraire-éditeur, à Paris,
rue Dauphine, n° 44, près le Pont-Neuf.

Vrai Momusien, j'éparpille ma vie
Entre les arts, Bacchus et la gaîté ;
Lorsque chez moi jamais n'entra l'envie,
Dois-je songer à la célébrité ?
 Non pour être heureux,
  Bornant mes vœux
  A ma chaumière,
  Là je vis content,
Libre, joyeux, indépendant.
  S'il me faut ici
   Être aussi
  Couvert de poussière.
   Celle des vallons
Vaut mieux que celle des salons.

Lorsque je dors à l'ombre d'une treille,
Sur moi Momus agite son grelot :
Je vois le monde en forme de bouteille,
Et vainement j'en cherche le goulot.
  Mais à mon réveil,
  Un vin vermeil
  Me désaltère ;
  Dès que je le vois,
Je ris, je bois tout à la fois,
  Et pour m'animer,
   Pour m'enflammer,
  Au lieu d'un verre
   Bacchus vient m'offrir
La coupe qu'il tient du plaisir.

Album du Gai Chanteur. — 4ᵉ vol. 62ᵉ Livraison.

Souvent mon bras, du fouet de la satire
Aime à frapper les sots, les courtisans ;
Mais plus souvent je ressaisis ma lyre,
Pour célébrer les hommes bienfaisants.
  Dès l'aube du jour
  Je chante l'amour
   Et la gloire ;
  L'oiseau du hameau
 Redit ce que redit l'écho ;
  De nos vieux soldats
  Fiers au combats,
  Je lis l'histoire.
  Las ! ils ne sont plus !
 Mais il nous reste leurs vertus.

Dans mon réduit, je n'ai pour seule escorte
Que le mystère, et ma belle et mon chien ;
Mais qu'un ami soudain frappe à ma porte,
J'ouvre, et mon cœur vole au-devant du sien ;
  Il voit, satisfait,
  L'effet qu'il fait
  Par sa présence ;
  Bientôt un flon flon
 Accompagne un large flacon.
  Le temps passe enfin ;
   Vient la fin
  De ma jouissance ;
 Il part... et mes yeux
 Prolongent encore mes adieux.

Si près de moi ma belle se repose
Sous le taillis ensemble nous chantons ;
A son corset si je place une rose,
Zéphir malin m'en fait voir les boutons.
  Souper sans apprêts
  Se prend au frais
  Et sous l'ombrage :
  La nuit nous poursuit,
 Le désir nous appelle au lit.
  Par son chant
   Touchant,
 Le rossignol du voisinage
  Nous dit qu'il fait jour ;
 L'amour nous le dit à son tour.

L'ARTICLE ANGLAIS

Air : *Il pleut, il pleut, Bergère.*

Parisiens, quelle rage
Vous prit un beau matin
De mettre en étalage
Les produits du voisin ;
C'est donc un nom magique,
Talisman plein d'attraits,
Qui séduit la pratique,
Ce nom d'articles anglais.

C'est une épidémie,
C'est plus qu'un engoûment :
C'est une frénésie,
Un envahissement ;
Et, dans chaque boutique,
L'affiche, en longs couplets,
Fait le panégyrique
Des articles anglais.

Mac-farlanes, jaquettes,
Et rasoirs à vingt sous.
Cols-cravates, chaussettes,
Tout débarque chez nous,
Chapeaux, tapis, flanelle,
Solidité, rabais,
Il pleut, dru comme grêle,
Des articles anglais.

Quoi ! l'Anglais règne en maître !
Vous l'affichez partout,
Ne voulez-vous plus être
Les arbitres du goût ?
Ceux que Paris attire
Reviendront-ils jamais,
En nous voyant écrire
Partout : Article anglais ?

Certes, le libre-échange
A du bon — je le crois —
Encor faut-il qu'on mange
Le pain qu'on fait chez soi :
Tout se fait à l'anglaise.
Souvenons-nous, Français,
Que la mode française
Vaut bien l'article anglais.

ÉMILE.

LA REINE DU LAVOIR

CHANSONNETTE.

Paroles d'ARTHUR LAMY.

AIR : *Pépito* (OFFEMBACH).

Travaillant
Toute la semaine,
Pan, pan, pan, pan, pan, pan, pan.
On entend
Mon battoir frappant
Pan, pan, pan, pan, pan, pan, pan.
Au lavoir, près de la fontaine,
Plus d'un galant
Dit souvent que je suis la reine,
Oui-dà vraiment,
Pan, pan, pan, pan, pan, pan, pan, pan.
Ah! ah! ah!
Lorsque du ruisseau, les brises gaîment
Au lointain reportent l'écho résonnant, ⎫
Rendant sous les coups notre linge blanc, ⎬ bis.
Nous chantons en chœur les joyeux pan, pan. ⎭

Le cœur gai
Et l'âme contente,
Gué, gué, gué, gué, gué, gué, gué.
Le cœur gai
Et toujours brigué,
Gué, gué, gué, gué, gué, gué, gué.
Des seigneurs, me disant charmante,
M'ont prodigué
Doux serments; mais je suis constante,
Oui, jarnigué,
Gué, gué, gué, gué, gué, gué, gué, gué.
Ah! ah! ah!
Et quand vient le soir, en passant le gué, ⎫
Rentrant au village, nous chantons, morgué ⎬ bis.
Par ma belle humeur chacun subjugué, ⎪
Redit avec moi les joyeux gué, gué. ⎭

Du piston,
Quand vient le dimanche,
Flon, flon, flon, flon, flon, flon, flon.
Le doux son
Est ma passion,
Flon, flon, flon, flon, flon, flon, flon.
On a mis collerette blanche
Et court jupon,
Frais ruban flottant sur la hanche
A l'abandon,
Flon, flon, flon, flon, flon, flon, flon, flon.
Ah! ah! ah!
Et du bal joyeux les commotions
En nos cœurs font naître mille émotions ; } bis.
Le plaisir nous gagne, alors nous chantons
Et l'écho répète nos joyeux flon, flon.

Au refrain
Des danses légères,
Tin, tin, tin, tin, tin, tin, tin.
Doux toscin,
Se mêle soudain,
Tin, tin, tin, tin, tin, tin, tin.
Le vin coule, emplissant nos verres
Du jus divin,
Puis l'amour voile nos paupières
Jusqu'au matin
Tin, tin, tin, tin, tin, tin, tin, tin.
Ah! ah! ah!
Vive ce nectar qui nous met en train,
Sa chaleur si douce bannit le chagrin ; } bis.
L'ouvrage, gaîment, reprendra demain,
Aujourd'hui, chantons les joyeux tin, tin.

LES MACHINES

CHANSON DE

PAUL DE KOCK.

Air : *Femmes, voulez-vous éprouver.*

Tout n'est que machine ici-bas,
Disait un jour un pessimiste ;
L'homme, qui fait tant d'embarras,
Ne remplit qu'un rôle fort triste ;
Malgré lui forcé d'arriver
Au but que le sort lui destine,
L'homme, je vais vous le prouver,
N'est lui-même qu'une machine.

On se lève ; il faut se couvrir ;
Puis, que l'on soit laquais ou comte,
Il faut songer à se nourrir ;
C'est la machine que l'on monte.
Bientôt on va la promener,
Mais, n'importe où l'on s'achemine,
L'estomac crie, il faut dîner,
Ou bien, au diable la machine.

Vous me direz, on peut causer,
Près des belles on plaît, on brille,
Parfois même l'on peut baiser
La main d'une femme gentille,
Oui, si l'on prolongeait cela,
Ce serait charmant, j'imagine ;
Mais bientôt on baille, et voilà
Qu'il faut coucher notre machine.

Foin du pessimiste maudit
Qui met l'homme au niveau de l'âne !
En nous il n'a point vu d'esprit,
Il mérite qu'on le condamne ;
Mais si nous perdions, par hasard,
Ce feu divin qui nous domine,
La beauté, par un seul regard,
Remonterait notre machine.

MORT ET CONVOI

DE L'INVINCIBLE

MALBROUGH

Malbrough s'en va-t-en guerre,
Mironton, mironton, mirontaine,
Malbrough s'en va-t-en guerre,
Ne sait quand reviendra.   *(ter.)*

Il reviendra z-à Pâques,
Mironton, mironton, mirontaine,
Il reviendra z-à Pâques,
Ou à la Trinité.   *(ter.)*

La Trinité se passe,
Mironton, mironton, mirontaine,
La Trinité se passe,
Malbrough ne revient pas.   *(ter.)*

Madame à sa tour monte,
Mironton, mironton, mirontaine,
Madame à sa tour monte,
Si haut qu'ell' peut monter.   *(ter.)*

Elle aperçoit son page,
Mironton, mironton, mirontaine,
Elle aperçoit son page,
Tout de noir habillé.   *(ter.)*

Beau page, ah! mon beau page,
Mironton, mironton, mirontaine,
Beau page, ah! mon beau page,
Quell' nouvelle apportez?   *(ter).*

Aux nouvell's que j'apporte,
Mironton, mironton, mirontaine,
Aux nouvell's que j'apporte,
Vos beaux yeux vont pleurer. *(ter.)*

Quittez vos habits roses,
Mironton, mironton, mirontaine,
Quittez vos habits roses,
Et vos satins brochés. *(ter.)*

Monsieur d'Malbrough est mort,
Mironton, mironton, mirontaine,
Monsieur d'Malbrough est mort,
Est mort et enterré. *(ter.)*

J' lai vu porter en terre,
Mironton, mironton, mirontaine,
J' lai vu porter en terre,
Par quatre z-officiers. *(ter.)*

L'un portait sa cuirasse,
Mironton, mironton, mirontaine,
L'un portait sa cuirasse,
L'autre son bouclier. *(ter.)*

L'un portait son grand sabre,
Mironton, mironton, mirontaine,
L'un portait son grand sabre,
L'autre ne portait rien. *(ter.)*

A l'entour de sa tombe,
Mironton, mironton, mirontaine,
A l'entour de sa tombe,
Romarins l'on planta. *(ter.)*

Sur la plus haute branche,
Mironton, mironton, mirontaine,
Sur la plus haute branche,
Le rossignol chanta. *(ter.)*

On vit voler son âme,
Mironton, mironton, mirontaine,
On vit voler son âme,
Au travers des lauriers. *(ter.)*

Chacun mit ventre à terre,
Mironton, mironton, mirontaine,
Chacun mit ventre à terre,
Et puis se releva. *(ter.)*

Pour chanter les victoires,
Mironton, mironton, mirontaine,
Pour chanter les victoires,
Que Malbrough remporta. *(ter.)*

La cérémonie faite,
Mironton, mironton, mirontaine,
La cérémonie faite,
Chacun s'en fut coucher. *(ter.)*

Les uns avec leurs femmes,
Mironton, mironton, mirontaine,
Les uns avec leurs femmes,
Et les autres tout seuls. *(ter.)*

Ce n'est pas qu'il en manque,
Mironton, mironton, mirontaine,
Ce n'est pas qu'il en manque,
Car j'en connais beaucoup. *(ter.)*

Des blondes et des brunes,
Mironton, mironton, mirontaine,
Des blondes et des brunes,
Et des châtaign's aussi. *(ter.)*

J' n'en dis pas davantage,
Mironton, mironton, mirontaine,
J' n'en dis pas davantage,
Car en voilà z-assez. *(ter.)*

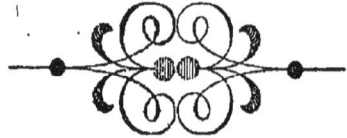

LE PETIT BRINBORION

ou

LA FÉE BERLIQUETTE

CONTE EN L'AIR.

Sur l'air : *Ni vu, ni connu, j' t'embrouille.*

Il était, dit-on,
Un petit garçon,
En tout pas plus grand qu'un' botte.
Aussi l'app'lait-on
L' petit Brinborion :
On l'eut mis dans une botte.
Ce marmot-là
Fut chéri d' sa
Marraine,
Qui lui fit don
D'un p'tit bâton
De chêne...
Il devait être heureux
Et chacun d' ses vœux
Devait s'accomplir sans peine.

Cell' qui lui donna
Ce beau bâton-là
S' nommait la fée Berliquette.
Ensuite elle dit :
« Écoute, mon petit,
« Sers-toi bien de cett' baguette.
« Sois complaisant,
« Toujours content,
« Aimable,
« Pour tes amis
« Et tes ennemis
« Affable.
« Tout le mond' t'aim'ra,
« Te recherchera,
« Tu n' s'ra jamais misérable. »

Tout d' suit' Brinborion
Et son p'tit bâton
Se mett'nt tous deux en campagne.
Il arrive d'un bond
Dans une belle maison
Où l'on buvait le champagne.
Comme il entrait,
Un grand valet
S'emporte ;
Il résista,
Mais on l' mit à
La porte.
Lui fort en couroux
S'écria : Vieux fous,
« Que le diable vous emporte ! »

Dans le même instant,
Un grand tremblement
Se fit entendre sous terre.
L'enfer s'entrouvrit
Et vous engloutit
La bell' maison tout entière.
Le Brinborion
Avec aplomb
Se sauve,
Puis sans retard
D'vient un vieillard
Tout chauve,
Trouve un atelier,
Et sans s' fair' prier,
Pass' la nuit dans une alcôve.

Le lendemain matin
Il reprend son ch'min,
Arrivé au bois de Boulogne,
Et voyant sur l'eau
Un joli bateau,
Il saut' dedans sans vergogne.
Le batelier
Lui dit d' filer
Sa route.
Mais Brinborion,
Faché d' son ton
Sans doute,

Saisit son bâton
Et de l'eau, dit-on,
Il ne resta plus un' goutte.
Ensuite arrivant
Près d'un vaste champ,
A des vendangeurs il crie :
« De faire du bon vin
« Vous tâchez en vain,
« L'époque est bien mal choisie !
Puis prenant son
Fatal bâton,
Il change
Les vendangeurs
En... travailleurs
Domange.
Tout l' monde fuyait...,
Tant l' pays sentait
Une odeur au moins étrange !...

Il fit tous les jours
Tant de méchants tours
Que la bonn' fée Berliquette,
D'un coup de sabot
En fit un magot
Et lui r'tira sa baguette.
Mon jeune enfant,
Ceci t'apprend
Sans peine,
Qu'un méchant cœur
Droit au malheur
Nous mène...
Enfin qu'il n'est pas
Toujours sans tracas
D'avoir un' fée pour marraine.

MAXIME GUFFROY.

Paris, A. HURÉ, éditeur et seul propriétaire,
rue Dauphine, n° 44, près le Pont-Neuf.

*Tout exemplaire non revêtu du timbre de l'éditeur
sera poursuivi comme contrefaçon.*

Paris. — Typ. CHAUMONT, 6, rue St-Spire.

LA MÈRE MICHEL

ET LE PÈRE LUSTUCRU

SCÈNE MÉLI-MÉLO-TRAGI-COMIQUE

Interprétée, tous les soirs, au café-concert du GÉANT

Paroles d'ADOLPHE JOLY

Airs connus ou musique de **Léopold BOUGNOL**

PERSONNAGES

La Mère Michel, vieille rentière
acariâtre.................. Mme **Rosine Maximilien.**
Le Père Lustucru, gargotier,
(homme mûr, mais peu con-   MM. **Charles Constant.**
servé)....................   **Charles Deparviller.**

Scène I

LE PÈRE LUSTUCRU, *entrant.*

Là ! v'là mes cass'troles récurées, mes assiettes lavées ; il ne reste plus de traces du repas que j'ai donné hier à ma voisine et prétendue : la mère Michel. (*Il se frotte les mains.*) Eh ! eh ! pour une femme qui a évu *cinque* maris, elle est bien conservée, la mère Michel ; avec elle, je serai heureux comme un coq en plâtre. (*On entend la mère Michel qui crie d'en haut :* Moumoute ! moumoute !) Qu'est-ce qui appelle ? Ah !...

Air connu.

C'est la mèr' Michel qui a perdu son chat,
Qui cri' par la fenêtr' qu'est-c' qui lui rendra ?
Moi, le père Lustucru,
Je lui ai répondu :
Allez, la mèr' Michel,
Votr' chat n'est pas perdu !

Album du Gai chanteur.   4e vol. 63e Livraison.

Scène II

LUSTUCRU, LA MÈRE MICHEL.

LA MÈRE MICHEL. (*Elle entre en cherchant de tous côtés.*)
Moumoute! minette!... Père Lustucru, vous n'*aureriez* point vu mon angolate?

LUSTUCRU.
Votre ango... quoi?... Ah!... je suis persuadé que cet animal est dans le grenier, à faire la chasse aux rats... avec un fusil de paille et un sabre de bois, sabre de bois!

LA MÈRE MICHEL.
Vous me *ra-ssurez*, j'avais le cœur en marmelade; je craignais qu'il ne lui fusse arrivé malheur.

LUSTUCRU, *lui prenant la taille*.
Eh bien! ma future : c'est-y toujours pour la Saint-Martin?

LA MÈRE MICHEL.
De quoi donc?

LUSTUCRU.
Notre hyménée, parbleur!

LA MÈRE MICHEL.
Notre hyménée! Oh! j'hésite à remplacer feu Michel.

> Air : *Ma Commère, quand je danse.*
>
> Feu Michel était aimable;
> Il était tendre et galant;
> C'était un homme admirable,
> Taillé pour le sentiment.
>   Matin et soir
>   Fallait le voir.
> Au travail, tout comme à table,
> Il remplissait son devoir.

(*Elle soupire.*) Hélas! j'eus ben des torts envers Michel.

LUSTUCRU, *cherchant.*
Envers Michel?... Ah! oui, vous lui trempiez des soupes, à c't homme. (*Il lui prend la taille.*)

LA MÈRE MICHEL, *minaudant.*
Vous m'aimez donc, monsieur de Lustucru?

LUSTUCRU.
Si je vous aime, ma commère! si je vous aime! ah! voui!... ah! voui!

> Air de la *Catacoua.*
>
> J' vous aim' comme on aim' les poir's cuites,
> Le potiron, les épinards,

> J' vous a.m' comm' j'aim' tout's mes marmites,
> Tous mes lapins, tous mes canards.
> Je vous aime (daignez m'entendre)
> Comm' on aim' les fleurs, les melons ;
>   Comm' les garçons
>   Aim't les tendrons,
> Comm' les marmots aiment les macarons,
>   Comm' vous aimez, d'un amour tendre
>   Votre chat, et lui... les lardons.

LA MÈRE MICHEL.

C'est bon, c'est bon, malgré tous vos discours, je m' méfie de vous ; vous êtes encore vert ; vous aimez les jeunesses, le cotillon.

LUSTUCRU.

Moi, ah! si on peut dire... vous me carromniez, voisine.

LA MÈRE MICHEL.

On vous connaît, beau masque !

LUSTUCRU.

Mère Michel, je vous proteste que je suis un tourtereau, un caniche de fidélité.

LA MÈRE MICHEL.

Ta, ta, ta, ta, ta, ta ! tout ben vu, ben réfléchi, je ne me remarierai que dans un an, encore si, d'ici là, je n'ai point-z-à me plaindre de vous.

LUSTUCRU, *à part.*

Ah! c'est comme ça ; ah! je t'ai donné hier le souper des fiançailles, et tu te fiches de moi. (*Avec une colère sourde.*) Oh! je me vengerai !... (*Avec force.*) Que dis-je ? (*Très-froidement.*) Je me vengerai !

LA MÈRE MICHEL.

Sans rancune, voisin. (*Elle appelle son chat.*) Moumoute! moumoute!

LUSTUCRU, *à part, se frappant le front.*

Oh! je tiens ma vengeance! (*Haut. Il s'avance vers elle, et dit d'une voix sourde, en se croisant les bras :*) Ah! je l'avais devinée, cette *rupeture*; mais je suis un Corse de la rue des Lavandières, moi, et je m'avais vengé d'avance. (*Il rit d'un rire satanique.*) Ah!... ah!... ah!...

LA MÈRE MICHEL, *avec inquiétude.*

Que veut-il dire ?

LUSTUCRU, *scandant les mots.*

Ce que je veux dire ?... Ce lapin, qu'hier soir vous trouvîtes si bon...

LA MÈRE MICHEL, *de même.*

Eh bien ?

LUSTUCRU, *d'une voix sourde.*

Dont vous vous léchites les barbes...

LA MÈRE MICHEL, *étendant les mains.*

Achevez !

LUSTUCRU.

C'était lui !

LA MÈRE MICHEL.

Mon *alimal!...* oh ! (*Elle se trouve mal dans les bras de Lustucru.*)

Air : *On va lui percer le flanc.*

Eh quoi ! j'ai mangé son flanc !...
Lustucru, répondez...

LUSTUCRU.

Du flan !

LA MÈRE MICHEL.

Eh quoi ! j'ai mangé son flanc !

LUSTUCRU.

Flanquez-moi du silence.

LA MÈRE MICHEL.

Chatticide, vengeance !
A la garde ! vengeance !

ENSEMBLE.

LA MÈRE MICHEL.	LUSTUCRU.
Eh quoi ! j'ai mangé son flanc ! etc.	Vous avez mangé son flanc !

LUSTUCRU, *riant.*

Veuve Michel, consolez-vous ; ma chatte va faire des petits, j' vous en gard'rai neuf.

LA MÈRE MICHEL, *sanglottant.*

Ah ! ah ! ah !

Air de la *Petite Cendrillon.*

Ah ! j'aimais ce chat si tendre,
Doux comme un petit mouton ;
Il me semble encor l'entendre
Faire son charmant ron ron.
Il mangeait dans son assiette
Un sou de rate et de mou,
Mia, miaou, pauvre minette !
Mia, miaou, pauvre matou !

LUSTUCRU, *à part.*

Elle n'a pas tant pleuré la perte de ses *cinque* maris que celle d'un *chat laid*...

LA MÈRE MICHEL.

Va t'en, monstre épouvantable,
Le remords te poursuivra ;
Et la douleur qui m'accable,
Bientôt se consolera.
Tes cheveux, sous ta casquette,
Blanchiront, affreux hibou.
Mia, miaou, pauvre minette !
Mia, miaou, pauvre matou !

LUSTUCRU, *voulant la calmer.*

Ma commère! mèr' Michel...

LA MÈRE MICHEL, *avec rage.*

Va-t'en!... scorpion!

ENSEMBLE.

Air : *Marie, tremp' ton pain.*

Vous m'exasperez,
Vous me courroucez,
Prenez garde à ma colère ;
Vous me courroucez,
Vous m'exaspérez,
Je vais vous griffer le nez.

COUPLET.

LUSTUCRU, *lui donnant un coup d'ongle.*

A toi, ma commère,

LA MÈRE MICHEL, *de même.*

A toi, mon compère.

LUSTUCRU.

Monstre odieux.

LA MÈRE MICHEL.

Serpent v'nimeux.

ENSEMBLE.

Je m'en vais t'arracher les yeux.

LUSTUCRU, *s'essuyant le nez.*

Je demande une suspension d'armes, une trêve.

LA MÈRE MICHEL.

Trêve de mots! tout est fini entre toi-z-et moi; je te poursuivrai jusque dans les éfants de tes petits éfants.

LUSTUCRU, *au public.*

Est-elle vindicatif, l'est-elle!

ENSEMBLE.

Vous m'exasperez, etc.

LUSTUCRU.

Allons, voyons, la paix! vous m'avez endommagé l'aquilin, cristi! ma commère, vous avez bec et ongles. Allons, venez par ici. (*Il la saisit par le bras et la conduit vers la coulisse.*)

LA MERE MICHEL, *d'une voix sourde.*

Il raille; tu railles, assassin! Le fantôme de mon alimal troublera ta digestion : à ménuit, tu le verras dans tes rêves, et tes cheveux effrayés, se dresseront sur ta tête d'horreur!

LUSTUCRU, *effrayé.*

Quelle horreur! (*Il la prend par la main.*) Mais, veuve entêtée, regardez donc là-bas!

LA MÈRE MICHEL.

Là yousse?

LUSTUCRU.
Là-bas, sous le fourneau.
LA MÈRE MICHEL, *avec joie*.
Air : *Voilà l' turco, bono.*
Ah ! qu'ai-je vu ?
Il m'est rendu !
LUSTUCRU, *les mains sur ses genoux.*
Fait's la risette,
Fait's la risette
Au papa Lustucru.
Allons, voisine,
Donnons-nous les deux mains.
ENSEMBLE.
Heureux destins. (*bis*)
(Ils s'embrassent.)
Pressons-nous sur nos seins.
LA MÈRE MICHEL.
Oh ! je sens des larmes humides humecter mes paupières endolorites.
LUSTUCRU, *d'un ton piteux.*
Tout est oublié, pas vrai ?
LA MÈRE MICHEL.
Tout, tout... tout, tout.
LUSTUCRU.
A la bonne heure ! quelle pâte de femme ! on en ferait du pain viennois... Et, à quand la nopce ?
LA MÈRE MICHEL.
Dans un mois, aux Porcherons.
LUSTUCRU.
Oh ! joie... oh ! bonheur... oh ! félicités terrestres... oh ! macadam...
LA MÈRE MICHEL.
Nous emmènerons moumoute... A propos, qu'est-il devenu ?
LUSTUCRU *regarde dans la coulisse, puis il revient et dit avec mystère.*
Chut !... chut !... il cherche son couteau dans les cendres, ne troublons pas ses méditations.
ENSEMBLE, *en dansant un pas rococo.*
Air de la *Mère Camus*.
Dans un mois nous nous marierons,
Quelle noce,
Quelle bosse,
Dans un mois nous nous marierons
Au restaurant des Porch'rons.

(*Après la danse, l'orchestre reprend l'air* : C'est la mèr' Michel, *etc.*)

LE CHANT DU DÉPART

HYMNE DE GUERRE

Paroles de M.-J. Chénier. Musique de Méhul.

UN DÉPUTÉ DU PEUPLE

La victoire en chantant nous ouvre la barrière,
　　La liberté guide nos pas,
Et, du nord au midi, la trompette guerrière
　　A sonné l'heure des combats.
　　Tremblez, ennemis de la France!
　　Rois ivres de sang et d'orgueil!
　　Le peuple souverain s'avance;
　　Tyrans, descendez au cercueil!
　　La république nous appelle,
　　Sachons vaincre ou sachons périr;
　　Un Français doit vivre pour elle,
　　Pour elle un Français doit mourir!

UNE MÈRE DE FAMILLE

De nos yeux maternels ne craignez pas les larmes;
　　Loin de nous de lâches douleurs!
Nous devons triompher quand vous prenez les armes :
　　C'est aux rois à verser des pleurs!
　　Nous vous avons donné la vie,
　　Guerriers! elle n'est plus à vous;
　　Tous vos jours sont à la patrie :
　　Elle est votre mère avant nous!
　　La république nous appelle,
　　Sachons vaincre ou sachons périr;
　　Un Français doit vivre pour elle,
　　Pour elle un Français doit mourir!

DEUX VIEILLARDS

Que le fer paternel arme la main des braves!
　　Songez à nous, au champ de Mars;
Consacrez dans le sang des rois et des esclaves
　　Le fer béni par vos vieillards;
　　Et, rapportant sous la chaumière
　　Des blessures et des vertus,
　　Venez fermer notre paupière
　　Quand les tyrans ne seront plus!

La république nous appelle,
Sachons vaincre ou sachons périr;
Un Français doit vivre pour elle,
Pour elle un Français doit mourir!

UN ENFANT

De Barra, de Viala, le sort nous fait envie,
Ils sont morts, mais ils ont vaincu.
Le lâche accablé d'ans n'a point connu la vie!
Qui meurt pour le peuple a vécu.
Vous êtes vaillants, nous le sommes :
Guidez-nous contre les tyrans;
Les républicains sont des hommes,
Les esclaves sont des enfants!
La république nous appelle,
Sachons vaincre ou sachons périr;
Un Français doit vivre pour elle,
Pour elle un Français doit mourir!

UNE ÉPOUSE

Partez, vaillants époux, les combats sont vos fêtes;
Partez, modèles des guerriers;
Nous cueillerons des fleurs pour en ceindre vos têtes;
Nos mains tresseront vos lauriers!
Et si le temple de mémoire
S'ouvrait à vos mânes vainqueurs,
Nos voix chanteront votre gloire,
Nos flancs porteront vos vengeurs.
La république nous appelle,
Sachons vaincre ou sachons périr;
Un Français doit vivre pour elle,
Pour elle un Français doit mourir!

UNE JEUNE FILLE

Et nous, sœurs des héros, nous qui de l'hyménée
Ignorons les aimables nœuds,
Si, pour s'unir un jour à notre destinée,
Les citoyens forment des vœux,
Qu'ils reviennent dans nos murailles,
Beaux de gloire et de liberté,
Et que leur sang dans les batailles
Ait coulé pour l'égalité.
La république nous appelle,
Sachons vaincre ou sachons périr;
Un Français doit vivre pour elle,
Pour elle un Français doit mourir!

TROIS GUERRIERS

Sur le fer, devant Dieu, nous jurons à nos pères,
A nos épouses, à nos sœurs,
A nos représentants, à nos fils, à nos mères,
D'anéantir les oppresseurs :
En tous lieux, dans la nuit profonde,
Plongeant l'infâme royauté,
Les Français donneront au monde
Et la paix et la liberté!
La république nous appelle,
Sachons vaincre ou sachons périr;
Un Français doit vivre pour elle,
Pour elle un Français doit mourir!

LAISSE-MOI TON PORTRAIT

Paroles de **J. ÉVRARD**

Réponse à *Ma Lisette, quittons-nous.*

MUSIQUE NOUVELLE

Il faut nous quitter, chère Lise,
Quittons-nous donc en bons amis ;
Notre amour fut une méprise,
Que nos cœurs n'en soient point aigris ;
Je te délaisse, tu me quittes,
Chacun de nous est sans regret !...
Au souvenir de tes visites,
Laisse-moi du moins ton portrait.

Demain, peut-être, au bras d'un autre
Te trouverais-je sur mes pas ?
Va, je suis assez bon apôtre
Pour n'en sourire que tout bas ;
Si ton front alors se colore,
Ne crains rien, mon cœur est discret ;
Mais, pour que je t'embrasse encore,
Laisse-moi du moins ton portrait.

Lise, nous sommes quitte à quitte :
L'Amitié, vêtue en Amour,
En pénétrant dans notre gîte,
Nous joua quelque malin tour ;
C'est elle qui, tout nous l'atteste,
D'un tiède amour nous a distrait.
Ah ! pour que l'amitié nous reste,
Laisse-moi du moins ton portrait.

Quoi ! tu suspends à ma mansarde
Ce doux souvenir du passé !
Moi, pour que nul ne le regarde,
Loin des yeux, je l'aurais placé.
Adieu... mais ta lèvre jolie
M'apporte un sourire indiscret...
Ah ! Lise, pour cette folie,
Tant pis ! je garde ton portrait.

LES RIGOLEURS

CHANSON

Paroles d'Émile DURAFOUR

La musique chez A. HURÉ, libraire-éditeur, rue Dauphine, 44.

Des rigoleurs, des rigoleuses
Reformons les bandes joyeuses,
Voici venir l'ami printemps,
Le bon Dieu refleurit les champs.
    Que la grisette,
    Sans étiquette,
Vienne danser au joyeux son,
    Mirlitaine et mirliton,
Au joyeux son du mirliton.

Adieu, les plaisirs de ville,
L'hiver et ses pâles couleurs,
Saint-Cloud, Boulogne, Romainville
Nous offrent des bois et des fleurs.
Nous irons, sous de frais ombrages,
Cacher nos désirs amoureux,
Puis de parler ce doux langage
Que l'on comprend si bien à deux.
    Des rigoleurs, etc.

Vite debout, voici l'aurore,
Donnons le signal du départ;
Le plaisir se présente encore,
Partons sans le moindre retard.
Nobles disciples d'Epicure,
Sans soucis mangeons notre bien;
C'est la méthode bonne et sûre
De prendre le temps comme il vient.
    Des rigoleurs, etc.

A nous les nuits folles et belles,
Francs momusiens, fils des plaisirs,
Les femmes nous sont peu rebelles,
Toutes partagent nos désirs.
Que la gaîté, joyeuse reine,
Nous trouve le verre à la main.
Répétons, pour narguer la peine,
Ce simple et folichon refrain:
    Des rigoleurs, etc.

LA FOSSETTE

CHANSON

PAR

Paul de KOCK

AIR : *Ma tante Turlurette.*

De la belle qui nous plaît,
Nous célébrons chaque trait :
Je chante de ma brunette
    La fossette (*bis*)
  Que j'aime en Lisette.

Que de dames de grand ton
Voudraient avoir au menton
Cette marque si bien faite
    En fossette (*bis*)
  Comme ma Lisette ?

Ce petit trou séduisant
Lui donne un air agaçant ;
On lorgne de la coquette
    La fossette, (*bis*)
  Charme de Lisette.

Chaque femme a des cheveux,
Un nez, des dents et des yeux ;

Mais je vois mainte fillette
   Sans fossette (*bis*)
  Comme ma Lisette.

On peut farder ses appas,
Grossir ses jambes, ses bras ;
Mais on ne peut faire emplette
   De fossette (*bis*)
  Comme ma Lisette.

Auprès d'un minois joli ,
Je serai toujours poli ;
Mais qui me met en goguette ?
   La fossette (*bis*)
  Que j'aime en Lisette.

Quel est ce charmant endroit
Où l'on peut mettre le doigt
Et faire un nid d'amourette ?
   La fossette (*bis*)
  Que j'aime en Lisette.

Devant un si joli trou,
Moi, je fléchis le genou,
Prêt à baiser en cachette
   La fossette (*bis*)
  Que j'aime en Lisette.

O ma belle ! si tu veux
Que je sois toujours heureux,
A d'autres jamais ne prête
   Ta fossette, (*bis*)
  Ma chère Lisette.

Paris, A. HURÉ, libraire-éditeur, rue Dauphine, 44.

Paris. Typ. Beault, rue Jacq. de Brosse, 16.

LE BAPTÊME

SCÈNE COMIQUE

Paroles et musique de

AUGUSTE BOULANGER

La musique chez A. HURÉ, libraire-éditeur, rue Dauphine, 44.

INTRODUCTION

(*Parlé.*) Bonjour, tout l' monde et la compagnie. Qu'in, on dirait qu' vous n' me r'connaissez pas? Eh ben! c'est moi, la mère Populo, l'ex-sage-femme de la rue du Nouveau-Monde, qu'a z'évu l' malheur d'être interdite par ordre de la *Fagulté* d' méd'cine, sous le fallacieux prétexte que j' leux y f'sais du tort, rapport à un nouveau système à vapeur que j'avais inventé pour les accouchements *laborilleux*, moyen infaillible auquel rien ne pouvait résister. Ah! n'y a pas à dire, il fallait que la mère et l'enfant y passent (il est si doux d' soulager son prochain!). Eh ben! ils ont trouvé qu' j'allais trop vite en b'sogne, ce qui fait qu'ils m'ont rayée d' leux tablettes. Fendez-vous donc... la tête pour trouver de pareilles inventions, voilà comme on en est récompensé; heureusement qu'on a plusieurs cordes à son *arche*, ce qui fait que pour le moment je fabrique des veilleuses économiques, ci-devant rue d' la Lanterne, que j' viens d' quitter, vu que j' n'y voyais pas assez clair dans mes affaires; ce qui fait que j'ai transporté mes nombreux magasins dans un petit cabinet de la rue du Jour, maison du marchand d' verre, à l'enseigne du *Feu éternel*, ce qui me jette un certain r'flet. De plus, je fais des ménages et pose des sangsues... partout... où qu'on m' demande; ah! dame, il faut

Album du Gai chanteur. 4ᵉ vol. 64ᵉ livr.

avoir se r'tourner. Je prends des enfants en sevrage, et j'en élève d'autres au biberon *Barbotte*. Je préviens les personnes qui voudraient bien m'honorer d' leu confiance que je suis à leu disposition. Il faut que j' vous dise aussi que je vais trouver mon compère et voisin Gadichet pour lui annoncer l'heureuse délivrance de ma fille, que nous avons fait l' baptême, et que la mère et l'enfant se portent bien; car, vous m' connaissez...

  Moi, j' suis toujours la même.
  Viv' un' noce, un baptême!
   J'aim' tout fêter
   Tant qu'y a z'à fricoter.
   J'aim', j'aim', j'aim' tout fêter
   Tant qu'y a z'à fricoter.

Pèr' Gadichet, j' viens vous trouver
 A seul fin de vous dire
 Que ma pauvre Palmire
Fort heureus'ment vient d'accoucher.
  — Tout d' bon, commère?
  — Et vraiment oui, compère.
  — Et qu'a-t-elle eu? dit's-ic-moi donc?
  — Devinez-le?... c'est un garçon.
   Eh bien! l' poupon
   Est-il gentil tout d' bon?

(*Parlé*) Ah! c'est un amour d'enfant! j'en ai bien mis au monde, en ma qualité d' sage-femme, mais jamais comme celui-là. Il a une tête indéfinissable : plus on le r'garde, et plus on n' sait pas qu'est-ce que c'est. Vous avez vu l'hippopotame au jardin des Plantes? eh ben! il a une tête dans c' genre-là; c'est un *désastre* de beauté; il faut croire que sa mère a z'évu z'un r'gard d' lui. Par exemple, le pauvre enfant ne craindra pas la disette, car c'est pas son nez qui y empêchera d'attraper des mouches, car il n'en a pas; et puis il est sourd d'un œil. Y ont fait z'accroire au père qu' ça pousserait z'en grandissant; j'ai pas voulu l' contrarier

là-d'ssus, c' pauv'e cher homme, mais tous ceux qui l'
voient disent que c'est un véritable Cupidon. Il y a
z'évu un p'tit baptême, ah! sans cérémonie, sus l'
pouce. C'est moi qu'ai mangé des œufs au lait qu'étaient
fièrement bien arrangés! j'ai cru que j' mangeais une
omelette au lard, tant qu'ils étaient bien faits Et puis,
il y a zévu d' la liqueur, *et d' la plus fine*. Enfin, c'était
très-bien, on s'est amusé, car vous m' connaissez... (*Au
refrain.*)

    J' n'ai pas z'eu l' temps d'aller chez eux
     D'puis l' jour d' leu mariage,
     Et pourtant, c'est dommage!
    Car ils sont logés comme des dieux.
      Sur le derrière,
     Auprès de la gouttière,
    Ils occup'nt un joli logement
    Distribué bien commodément,
      Et tous les ans
    Ils n' payent qu' ça trent'-six francs.

(*Parlé.*) C'est une donnée, ma parole d'honneur, surtout rue d' la Tannerie, où que les *loquuaux* sont si chers Ah! qui sont bien logés! une maison bien propre. Et puis, ce n'est pas z'haut, au septième au-dessus de l'entresol, cent cinquante et quelques marches; mais moi qui trotte comme une sauterelle, ça va tout seul : c'est un p'tit parad s, l' tout d' plein pied et bien distribué. Il n'y a pourtant qu'une pièce, car quand elle est dans son lit elle peut z'ouvrir sa porte et sa f'nêt'e sans s' déranger ; et une cheminée à la prussienne, qui fumait d'une manière atroce; aussi voulaient-ils déménager par rapport à ça Mais le propriétaire, qui tient à eux, a fait d' la dépense : il l'a fait bouener; maintenant ça va trè -bien Et la croisée? la croisée, jusqu'à un carreau d' front, quand elle met sa tête dans son œil, vous n' voyez pu qu'un ECLISSE de lune dans la chambre. La vue est fort agréable, c'est sur une TIASSE; mais malheureusement elle appartient à un tanneur qui y étend des peaux toutes vertes ; l'été, c'est à n' pas y t'nir! Après ça, s'ils veulent s' donner d' l'air par la porte d' leu carré, c'est autre chose : c'est les plombs et les cabinets ; ils n' peuvent rien garder. Leu bouillon tout bouillant tourne, mais y s'y plaisent beaucoup ; et quoiqu' ça soit p'tit, on s'est amusé, car vous me connaissez... (*Au refrain.*)

Nous avons eu, comm' c'est heureux !
 Et ça par connaissance,
 Un' nourric' de Coutances
Qui débarque en c' moment chez eux.
 Quelle dondaine !
 Pour l'enfant quelle aubaine !
Son mari guérit tous les maux,
Vous soigne les vach's et tue les ch'vaux ;
 Enfin, voisin,
C'est presqu'un bon méd'cin.

(*Parlé.*) Vous l'avouerez, Gadichet, c'est toujours bien *agriable* pour une mère, qu'a l' cœur sensible et qu'aime les siens, de savoir que son père nourricier s'entende un peu à soigner les animaux, parc' qu'enfin, s'il arrive quéque chose à c' pauvre innocent, il s'ra toujours là pour lui porter les premiers *escours;* d'autant plus que c'est une nourrice de connaissance, et moi j'ai d' la confiance en eux. C'est pas comme vos nourrices du bureau, les trois quarts et demi n' valent rien ; ça vous rapporte des enfants à des dix-huit, trente mois ; ça n' se tient pas plus sur sa tête que d'ssus ses jambes ; par exemple, sur l' dos, il n'y a rien à dire, ça s' tient tout seul. T'nez, sans aller plus loin, il y a la mère Duplantin, la marchande de mouron d'en bas d' chez nous, elle avait donné un enfant superbe ; eh bien ! qu'est-c' qu'on y a rapporté, un *étorniau*. Sa nourrice était pourtant bien propre, eh bien ! son enfant était bien mal soigné. Fiez-vous y donc à des monstres semblables ! Mais celle-là, ça n' s'ra pas la même chose. D'abord, c'est une jeune femme. Voyons, qu'est-ce qu'elle dit... qu'elle a... dit : qu'elle a... elle dit qu'elle a quarante-cinq ans... Elle porte bien son âge, elle paraît plus que ça. Je lui ai dit : « Nourrice, vous n' nous tromp'rez pas ; je suis persuadée que l'enfant s'ra bien avec vous : c'est pas l' lait qui vous manque, vous en avez une fameuse portion. » Là-d'ssus, elle m'a découvert son sein... elle n'en a qu'un .. mais il est beau ; elle a perdu l'autre d'un *concert*, en r'cevant z'une *aubade* dans sa jeunesse. Mais celui qui lui reste, il est *inorme*; c'est comme une musette de Savoyard. Ah! Dieu, qu' l'enfant s'ra bien avec elle ! d'autant plus que j'ai pris des informations sus z'elle. Elle a ramené deux nourrissons rue des Singes.... qui sont beaux comme le jour. Par exemple, il y en a un qui est mort il y a quatre jours en éthisie ; c'est pas d' sa faute, elle n' pouvait pas l' souffler : nous sommes tous mortels. Voilà la chose : elle y donne du mauvais lait, elle s'en aperçoit six s'maines avant d'accoucher... ça peut s'arriver z'à tout l' monde ; mais celui qui lui reste est gentil et s' porte bien. Il boite un peu : ça vient de c' qu'il y a z'un cochon qui y a grignotté quéques doigts d' pieds par ci par là ; et puis, qu'euqu' temps avant de l' ramener à ses parents, elle a z'vu l'imprudence de l' laisser tomber dans l' feu. Ah ! l' pauvre innocent, il a la figure toute rissolée comme un beignet qui sort de la poêle. Je suis bien sûre qu'elle aura aussi soin d' celui-là qu' des deux autres, et ça n' laissera pas qu' d'être bien gentil. Nous l' f'rons r'venir d'ici à qu'euq' temps ; s'il plait z'à Dieu, on f'ra une petite noce, vous en s'rez, Gadichet, on s'amusera, car vous m' connaissez...

>Moi, j' suis toujours la même.
>Viv' un' noce, un baptême !
>J'aim' tout fêter
>Tant qu'y a z'à fricoter.
>J'aim', j'aim', j'aim' tout fêter
>Tant qu'y a z'à fricoter.

LES SAUTEURS

Paroles et musique d'Émile DURAFOUR
La musique chez A. HURE, libraire-éditeur, rue Dauphine, 44.

La terre est un grand tremplin
Où sur lequel chacun saute
Qui n'a pas commis la faute
De sauter en son chemin?
Sauter est une folie
Fort agréable à la vie :
Les uns sautent pour des valeurs,
Les autres pour gagner les cœurs.
 Sauteurs, sauteurs,
Partout on voit des sauteurs. } *bis.*

On applaudit, chaque jour,
De vieux farceurs au théâtre,
Tout badigeonnés de plâtre,
Qui veulent singer l'amour.
Ces enfants de Malpomène
Sont accueillis sur la scène
Par des bravos et des fleurs
Qu'ils payent fort cher aux **claqueurs**.
 Sauteurs, etc.

Si vous avez de l'argent,
Ou pour vivre une ressource,
Chacun vous offre sa bourse,
Bien souvent en vous priant.
Mais si chez vous l'indigence
Vient remplacer l'opulence,
Vous verrez tous ces nobles cœurs
Demeurer sourds à vos malheurs.
 Sauteurs, etc.

Combien voit-on d'élégants,
Dandys de fort bonne mine,
Poursuivre la crinoline
A toute heure et en tout temps.
Ces bébés de la fortune,
A la femme blonde ou brune,
Offrent des bijoux et des fleurs,
Tout cela pour quelques faveurs.
 Sauteurs, sauteurs,
Ce sont bien là des sauteurs. } *bis.*

LA PARISIENNE

Marche nationale de 1830

Peuple français, peuple de braves,
La liberté rouvre ses bras;
On nous disait : Soyez esclaves!
Nous avons dit : Soyons soldats!
Soudain Paris, dans sa mémoire,
A retrouvé son cri de gloire :

   En avant! marchons
    Contre leurs canons ;
A travers le fer, e feu des bataillons,
   Courons à la victoire.

Serrez vos rangs! qu'on se soutienne!
Marchons! chaque enfant de Paris,
De sa cartouche citoyenne,
Fait une offrande à son pays.
O jours d'éternelle mémoire!
Paris n'a plus qu'un cri de gloire :
   En avant! marchons, etc.

La mitraille en vain nous dévore;
Elle enfante des combattants.
Sous les boulets voyez éclore
Ces vieux généraux de vingt ans.
O jours d'éternelle mémoire!
Paris n'a plus qu'un cri de gloire :
   En avant! marchons, etc.

Pour briser leurs masses profondes,
Qui conduit nos drapeaux sanglants?
C'est la liberté des deux mondes,
C'est Lafayette en cheveux blancs.
O jours d'éternelle mémoire !
Paris n'a plus qu'un cri de gloire :
    En avant! marchons, etc.

Les trois couleurs sont revenues,
Et la colonne avec fierté
Fait briller à travers les nues
L'arc-en-ciel de la liberté.
O jours d'éternelle mémoire !
Paris n'a plus qu'un cri de gloire :
    En avant! marchons, etc.

Soldat du drapeau tricolore,
D'Orléans, toi qui l'as porté,
Ton sang se mêlerait encore
A celui qu'il nous a coûté.
Comme aux beaux jours de notre histoire,
Tu rediras ce cri de gloire :
    En avant! marchons, etc.

Tambours, du convoi de nos frères,
Roulez le funèbre signal !
Et nous, de lauriers populaires
Chargeons leur cercueil triomphal.
O temple de deuil et de gloire !
Panthéon, reçois leur mémoire !
    Portons-les, marchons,
    Découvrons nos fronts,
Soyez immortels, vous tous que nous pleurons,
    Martyrs de la victoire !

Casimir DELAVIGNE.

LE CHOU

RONDEAU

AIR : *Des Comédiens*, ou *du Nez*.

Allons, ma lyre ! aux dernières vendanges,
Toi qui vibrais pour le cru de Puteaux,
Lorsque du Chou j'entonne les louanges,
Je pince en vain tes cordes à boyaux.

L'humidité, que pour toi je redoute,
Te nuirait-elle, ô meuble d'Apollon ?
Ma voix est juste et le public écoute,
Tu ne veux pas que je reste en affront !

Pour des lapins de race parasite,
Qu'Adam et Ève élevaient dans l'Eden,
Dieu fit le Chou, qu'on mit à la marmite
Quand l'homme fut au niveau du lapin.

Alors surgit un écrivain d'élite,
Qui composa ce poëme sans bout :
« La soupe au Chou se fait dans la marmite,
» Dans la marmite on fait la soupe au Chou. »

Par les semis, de savants agronomes
Ont varié sa forme et ses couleurs ;
Mais il en est des Choux comme des hommes :
Les plus nouveaux ne sont pas les meilleurs.

Haut sur ta tige, ainsi qu'une cigogne,
Chou de Bruxelles, avec tous tes poussants,
On te prendrait pour la mère Gigogne
Pondant en scène une grêle d'enfants.

Mais j'oubliais que madame Gigogne
A déserté, faisant place à Guignol ;
Ce qui pourtant n'empêche qu'à Cologne
Un Chou commun soit comme un... parasol.

Le Chou pommé prend une forme ronde,
Pour se moquer du stupide melon ;
Et, globe vert, il représente un monde
Pour la chenille et le colimaçon.

Vive un Choufleur avec sa sauce blanche;
Pour ce mets-là jadis quel faible j'eus !
Mon gargotier m'en servait le dimanche;
Je l'aimais tant que j'en ai fait abus.

Le Chou frisé complète le mélange
Des haricots au lard avec du jus :
C'est un parfum, alors que l'on le mange,
Un peu plus tard... enfin n'en parlons plus.

Le Chou sur terre a joué de grands rôles,
Au potager comme dans nos ragouts,
Et nous saurions des choses assez drôles
Si le bon Dieu faisait parler les Choux.

On dit mon Chou comme on dirait mon ange,
Mon cher trognon, mon trésor, mon bijou !
Et l'harpagon, qui n'entend que l'échange,
Donne et reçoit en disant : Chou pour Chou.

Ajuste bien tes guêtres d'ordonnance
Sur tes souliers, négligent tourlourou,
Ou des méchants viendront, sans qu'on y pense,
Les comparer à deux feuilles de Chou.

En mots nouveaux quand notre langue abonde,
On aurait tort de s'en prendre au bon goût :
Un de ces mots, qui circule à la ronde,
Le croiriez-vous ? c'est : *Bête comme Chou*.

Un amoureux fait à qui veut l'entendre
Tendre serment, écrit sur le genou ;
Et le volage, afin qu'il soit plus tendre,
Prend pour le faire une feuille de Chou.

Cru, le Chou rouge est bon en vinaigrette,
Cette salade est d'un goût succulent.
Un maraîcher fit cette chansonnette,
Et ce qu'il craint, c'est de faire Chou-blanc.

Comme un vautour tient sa proie en sa serre,
Lui, dans la sienne, il tenait ce Chou-là ;
En vous l'offrant, cet humble auteur espère
Qu'en l'arrosant sans culture il prendra.

Merci, ma lyre ! aux dernières vendanges,
Toi qui vibras, ô meuble d'Apollon !
Lorsque du Chou j'entonnais les louanges,
Tes chers accents m'ont sauvé d'un affront.

ÉMILE CARRÉ.

LA PLUIE
ET
LE BEAU TEMPS

AIR : *Les Anguilles, etc.*

Les maîtres de la poésie
Ont tout chanté, fleurs et frimats,
Amour, beauté, gloire, Patrie,
Calme des champs, cris des combats.
Pour moi, dont un brûlant délire
N'inspira jamais les accents,
Je viens aujourd'hui, sur ma lyre,
Chanter la pluie et le beau temps.

Toujours, en tous lieux, la nuit sombre
A prêté son voile aux amants ;
Elle en protége encor bon nombre
Dans le monde et dans les romans.
Mais voyez ce couple peu sage
Qui s'apprête à fuir ses parents ;
Au ciel il demande l'orage :
Pour lui la pluie est le beau temps.

Lorsque Jupiter veut séduire
Danaë, dont il est épris,
Il n'emprunte ni le sourire
Ni les traits du bel Adonis.
Dans la tour, en forme de nue,
Il verse l'or, les diamants ;
Et pour la princesse ingénue :
La pluie est aussi le beau temps.

Notre meunier dont la rivière
A sec chasse la belle humeur ;
Le voyageur que la poussière
Suffoque autant que la chaleur ;

L'astre qui sèche dans la plaine,
La fleur qui se flétrit aux champs,
Dans l'eau voient la fin de leur peine :
Pour eux la pluie est le beau temps.

Au laboureur, quand son ouvrage
Ne peut se faire bien, sans eau ;
Au vigneron qui peste et rage,
Inquiet pour le vin nouveau,
La pluie est un divin remède.
Aussi, de crainte palpitants,
Sans cesse invoquent-ils son aide :
Pour eux la pluie est le beau temps.

L'écolier, qu'un zèle trop tendre
Entoure de précautions,
Est tout joyeux s'il voit descendre
Du soleil les pâles rayons.
Retenu par sa bonne mère,
Dès qu'il pleut, il reste dedans.
Pas de classe, pas de grammaire :
Pour lui la pluie est le beau temps.

Un auteur (1) bien cher au théâtre,
Couronné de nombreux succès,
En un acte, aussi bien qu'en quatre,
Se fait applaudir aux Français.
Dialogue pur et facile,
Esprit, gaîté, détails charmants,
Font dire à la cour, à la ville :
Vive la pluie et le beau temps !

Sur mon sujet, source féconde,
Je pourrais rimailler encor.
Pour tous, en effet, dans ce monde,
Pluie et beau temps sont un trésor.
Mais mieux que moi, sans pruderie,
Adroits et nombreux sont les gens,
Qui savent, sans qu'on les en prie,
Faire la pluie et le beau temps.

(1) M. Léon Gozlan, auteur de *la Pluie et le Beau Temps*, comédie en un acte, jouée devant Leurs Majestés Impériales à Compiègne.

Paris, **A. Huré**, éditeur et seul propriétaire,
rue **Dauphine, 44**, près le pont **Neuf**.

Paris. Typ. Beaulé, rue Jacq. de Brosse, 10.

MADAME DUBROCHET
AU BAL DE LA HALLE

SCENE COMIQUE

Paroles et musique de **Auguste BOULANGER**

La musique, chez A. HURÉ, libraire-éditeur, rue Dauphine, 44.

INTRODUCTION

Madame *Dubrochet*, la marchande de poissons, sort de la rue *Jean-Gougeon* en sautant comme une *carpe*, et se faufile en *anguille* jusque chez madame *Duruisseau*, la porteuse d'eau de la rue des *Fontaines*, ci-devant rue du *Puits*, 120, après avoir pris le petit verre de l'estime dans la chambre de l'amitié. Elle lui rend compte des émotions qu'elle a éprouvées à la grande fête nautique du 15 août, et le *saisissement* du contentement d' l'éblouissement qu'elle a ressenti en entrant au bal du Marché des Innocents. Elle s'exprime en ces termes :

Mam' Duruisseau,
Dieu qu' c'etait beau !
J' crois qu' la fête
M'a tourné la tête.

A ma parure
Rien ne manquait :
On admirait
Ma grâce et ma tournure,
En rob' de soie,
Couleur mer' d'oie,
Mant'lot d' pequin

Le mond' vivra
Tant qu'il voudra,
On n' verra
Rien d' si merveilleux qu' ça.

Et des gants d' peau d' lapin ;
J'ai pour ce jour
Fait teindr' mon tour,
D'un côté noir et blond cendré de l'autre,
C'est le moyen, en bon apôtre,
D' plaire à chacun,
Et puis c' n'est pas commun.

(*Parlé.*) Sans vanité, j'étais un peu bien ficelée. Ah ! mais dites-moi donc, en v'la-t'il une tripotée d' fêtes d' passées ; et dire qu' j'ai vu tout ça ! J' m'ai même payé un courant jusqu'à la Seine, oùs que j' m'ai régalée des regates : c'étaient des p'tits bateaux qui ont couru à qui courrait l' plus fort ; et puis, c' qui m'a fait plaisir,

Album du Gai chanteur.   4e vol. 65 livr.

c'était d' voir l'attaque *simultanée* du fameux vaisseau *l'Ecole* par la fumée des deux indomptables frégates à vapeur. Pour que *l' chavire n' navire* pas, on l'avait cloué dans la Seine où que s'est passée la *scène*, avec trois grands mâts d' cocagne qu' étaient attachés par des ficelles, en guise d'écheiles de cordes, oùs qui montait de temps en temps une nuée de p'tits *moucherons* qui f'saient la manœuvre du trois ponts. Moi, je n'y en ai vu qu'un *pont*; c'est peut-être parce qu'il était entre deux autres qu'ils l'appellent l' trois *ponts :* quant à moi, ça m'a fait l'effet d'un *entrepont*. L'abordage a commencé à grands coups d' canons et d' fusils, on nous a jeté d' la poudre aux yeux que j' n'y voyais pu qu' du feu et d' la fumée ; c'est au point qu' j'ai cru un instant qu'ils avaient mis l' feu à la rivière ; moi j' me dis : il n'y a pas danger, car la rivière est *Seine*. Après deux heures de combat, le feu a cessé faute de munitions, et tant d' tués que d' blessés, n'y a z'évu personne de mort. Quand ç'a été fini, j'ai été m' balader dans la fête en attendant l' feu d'artifice, et à neuf heures on a enlevé *l' ballon* au mont Saint-*Bernard;* d' là je suis partie pour le bal. Comme j'arrivais, on m' dit qui y avait une bande sur l'affiche qui disait que l' *dimanche* aurait lieu l' *mardi*, et par conséquent que l' *quinze* s' trouv'rait l' *dix-sept*. C'était d' *l'algèbre* pour moi, je m' perdais dans leux calculs, si bien qu' ma toilette n'y a pas trouvé son compte. En m'en r'tournant, j' n'ai pu voir qu' la moitié des illuminations, attendu qu'il n'y avait pas mèche pour le reste ; mais sauve ça, c'était très-bien, ce qui fait que j' répéterai toujours...
(*Au refrain.*)

Quoiqu' mal à l'aise
Dans mes atours,
Pendant deux jours
J'ai resté sur ma chaise,
Cassant un' croûte,
Buvant un' goutte,
Mais sans r'poser,

Pour ne pas m' défriser,
D' mon écureuil
Qu'a tourné d' l'œil,
Je pris la queue et m'en fis une aigrette,
Et l' mardi soir étant tout' prête,
D' mon pied léger
J' fus au bal voltiger.

(*Parlé.*) Savez-vous qu'est-c' qui m'avait donné un billet ? Eh bien ! c'est la p'tit' bonne à mam' *Duflan*, la pâtissière d' la rue d' l' *Echaudé*, et qui l'a z'été pas mal échaudée, et voici comment. Elle n'avait accepté l' patronage du bal que pour y fournir les **gâteaux** ; mais c' qu' a tout gâté, c'est qu'elle a fait des **brioches**, de sorte que tout est tombé dans l' *pétrin*. Aussi elle en était comme un *croquet*. C'est une **boulette qu'a brisé** tout son *plaisir;* elle en a été pour ses *colifichets :* de sorte qu'elle a fait un four, mais un four complet. Bref. après deux heures de queue, neuf heures sonnaient comme j'entrais en innocente au bal des Innocents, Ah! voyez-vous, ma chère, c'est-à-dire que c'était tellement éblouissant, qu'en r'gardant c' que j' voyais, je n' voyais pu c' que je r'gardais : les récits fabuleux des *Mille et une nuits* n' sont qu' des *contes* auprès de c' que j' voyais. Y avait tant d' lumières au plafond, mais tant! qu'on aurait dit qu'on marchait d'ssus. Jusqu'à la fontaine des innocents qu' avait l'air tout étonnée de s' trouver à si belle fête, et qui nous jetait d' l'eau *gazeuse,* vu qu'elle était éclairée au *gaz.* Y avait tout autour de la salle des grands palmiers en bâton, des vases de fleurs, du marbre en *estatues d' plâtre, d' l'harmonie en gradins, du v'lours en loges,* où qu'on avait logé des personnes qui paraissaient bien logées : partout on n' voyait que d' l'or *(qu' a dû coûter pas mal d'argent)*; enfin j'étais émerveillée de voir que du carreau d' la Halle on en avait fait un palais enchanté. Figurez-vous, ma chère, que j'étais une des *Terchicores* un peu *frisées* qui figuraient dans l' premier quadrille d'honneur... qu'on a dansé en second. J'avais pour vis-à-vis la grande *Lullier,* qui d'meur' rue des *Capucines.* C'est une marchande de *salade* un peu *pommée,* rouge comme *betrave,* et qui n' *mâche* jamais ses *réponses;* musicienne, et qui donne beaucoup de *chique au ré...* Elle a une belle tête de *romaine montrer sa figure);* elle dansait avec le *fort homme* de la Halle; aussi c'est à qui l'*éplucherait,* et j' vous prie d' croire qu'on l'a bien *assaisonnée.* C'était juste au moment d' la grand' orage, avec ça que l' plafond du bal n'avait pas pris d' parapluie, il s'est trouvé tout d' suite *pochard d'eau;* c'est au point qu'il en rendait l' *liquide* sur les *espectateurs.* Quand on l'a vu si malade, les pompiers sont montés lui faire queuqu' saignées, c' qui l'a bien soulagé; ça fait qu' les fous qui s' trouvaient d ssous ont reçu des douches d'un nouveau genre *faire le mouvement comme s'il vous tombait quelque chose sur la tête).* L' bal était composé d' personnes *distinguées,* et qui s' faisaient remarquer par leu *distinction.* D'abord j'y étais... vous voyez qu' c'était une société choisie, toute sorte de monde. Vous savez que *toutes* les marchés d' Paris y étaient invités, excepté le marché Saint-Jacques, qui avait cédé sa place à la rue de Rivoli; mais le quai aux fleurs et l' marché à la verdure f'saient l' tour du bassin, et comme ça allait en montant (*désigner de la main quelque chose qui va en montant*), le marché du Gros-Caillou servait d' base à la Madeleine, qui était au pied du *Temple*. Le pauvre marché *Neuf* avait l'air d'un *vieux* sous l' parapluie du marché d' Sèvres ; le marché Noir était tout en *bleu*, et s' promenait avec les *Blancs*-Manteaux, qui donnait l' bras aux Enfants-*Rouges*, ça fait qui z'avaient l'air d'un drapeau *tricolore*. Le poisson était représenté par les *six reines* du marché, qui frétillaient auprès d' la fontaine ; Saint-Antoine était aux prises avec son compagnon... le marché Popincourt, qui, par parenthèse, n'a pas bougé de place. Saint-Joseph serrait d' près Sainte-Catherine, qui l'a planté là pour courir après les *Carmes*. Le marché des *Jacobins* f'sait l'*aristo* et ne parlait à personne. Quant au marché Saint-Martin, il causait tranquillement avec Saint-Laurent, qui *grillait* d' danser avec les *Patriarches*, qui a préféré déjeuner avec le parc aux *Huîtres et l' port au vin*. J'ai remarqué que l' marché Saint-Germain prenait l'Abbaye pour la *Vallée*, qu'avait attrapé la *pépie*... et qui s' rinçait l' *bec* dans un pot z'à fleurs ; et la halle à la *viande*, les pommes de *terre* et les p'tits *oignons* dansaient la *fricassée* avec la halle au *beurre*, et j' vous prie d' croire qu' c'était d'un bien bon *goût;* rien qu' d'y penser, l'eau m'en vient à la bouche. Aussi, c'est c' qui fait que j' répète... (*Au refrain.*)

Quel pêle-mêle	Bonnets ronds, casaquins,
Dans les polkas !	Le cavalier
Le jaconas	Qui vint m' prier
Coudoyait la dentelle,	Etait sans doute un gros marchand d' fromage,
Fleurs et panaches,	Qui m'offrit avec ses hommages,
Lorgnons, moustaches,	Au lieu d' bonbons,
Pal'tots mesquins,	Maroles et bondons.

(*Parlé.*) D'abord; je n' voulais rien d' lui (*poussant un soupir*), mais le monstre était si pressant, qu'il m'a fallu accepter son bondon. Je l'ai mis dans ma poche, en disant : Ça sera une poire pour la soif. Figurez-vous qu'y avait tant d' monde là-dedans, qu'on était serré comme des z'*harengs*, avec ça que j' venais d'en manger z'un *saur* avant *qu' d'entrer;* j' commençais à m' sentir soif ; mais c'était difficile pour arriver jusqu'à buffet, quand tout à coup j'entends crier : « Place ! place ! » Je me r'tourne, c'étaient les *autorités* qui parcouraient la salle de bal en *tout sens*. Ça m' fait penser que j'y ai attrapé un bon *rhume de chaleur*. Moi qu'est pas bête, j' m'ai mis à la queue du cortége, où que j' suivais pas à pas les pas de l'autorité; et voilà comme je suis arrivée à l'escalier du buffet avec *autorité*. Là, je leu z'ai dit : Vous m'escuserez bien si je n' vous r'conduis pas plus loin. Mais pour monter c't escalier, m'a-t-il fallu faire des *pas* et des *marches*... et d' la gymnastique, que c'en était un *état!* heureusement que c' n'était pas un *état long*, car j'aurais fini par faire un métier d' *cheval*. Arrivée en haut, la foule m'a portée au buffet sans que j' touche terre : j'avais l'air de faire la suspension *aérienne*. Une fois là, je vois le Grenier d'abondance qui dansait devant l' buffet, et la Halle au blé qui tombait d'inanition ; puis une triple haie de *dévorants* qui faisaient main basse sur tout ; et de distance en distance, des *forts détachés* qui formaient l'*enceinte* et poursuivaient l' siége du buffet avec acharnement : on voyait qu'ils tiraient d'ssus à boulets rouges et qu'ils battaient en brèche d'une manière effrayante. C'est au point qu' la place, craignant un assaut général, et voyant qu'on voulait la prendre par la famine, a demandé une trève d'une demi-heure pour se ravitailler. J' n'ai eu que l' temps d' dire aux distributeurs, et qui s'en distribuaient pas mal pour leu compte : « On a bien pitié d'un chien, donnez donc un verre d'eau à une pauvre femme qui s' trouve mal; » et en fait d' distribution, c'est tout c' qu'on m'a distribué. J'aurais préféré un bon cinquième de la bouteille, ça aurait fait plus d' bien à ma pauvre *estomache*. D'en haut, qu'est-c' que j' vois dans la salle de bal? l' petit *Triton*, qui s'attrappait dans l' bassin d' la fontaine avec l' gros *Neptune*, l' marchand d'*os à brûler;* ils se sont flanqué z'une *brûlée*, qui z'en étaient tout en *eau*. Quand y sont séparés, y z'avaient l'air de *neyades*. En m'en r'tournant, v'là-t-il pas que j' m'aperçois qu' j'ai perdu un d' mes souliers dans la foule ; j' cherche partout, qu'est-c' que j' trouve? une botte de *gendarme* Pour ne pas rentrer par le temps qui faisait, un pied chaussé et l'autre... j'enfile la *botte d'ordonnance;* ça fait qu' j'avais l'air de la *maréchaussée*. On disait : « Regarde donc, voilà l' *P'tit Poucet* qui s'en va avec une *botte* de ces *lieux;* » c' qui fait que j' n'ai pas été longtemps à rentrer chez moi. Mais *sauve* tout ça et pas mal de gouttes de bougies qui ont endommagé ma toilette et la queue de mon pauvre écureuil, je m' suis bien amusée, ce qui fait que j' répéterai toujours... (*Au refrain.*)

TOUT CE QUI BRILLE N'EST PAS OR
PROVERBE
Paroles d'**Arthur LAMY**

AIR : *Ça devait bien l' gêner sur l' moment*

Chacun poursuit, sur cette terre,
Du bonheur la douce chimère,
Le trouve-t-on dans les honneurs,
Dans la fortune et ses splendeurs ? *(bis.)*
Méprisant l'état de son père,
Le laboureur vend sa chaumière;
Vers Paris il prend son essor.
Tout ce qui brille n'est pas or ! *(bis.)*

Aimé d'une foule idolâtre,
Un artiste, sur le théâtre,
Au bruit des applaudissements,
Oublie chagrins et tourments. *(bis.)*
Mais, bien souvent dans sa mansarde,
'Il n'a, quand la fin le poignarde,
Que le restant d'un hareng saur.
Tout ce qui brille n'est pas or ! *(bis.)*

Voyez cette jeune coquette,
Quelle ravissante toilette !
Elle est parfaite assurément;
Mais le soir, en son logement, *(bis.)*
Elle quitte sa chevelure,
Son blanc, son rouge, sa tournure,
Ses dents, puis... autre chose encor.
Tout ce qui brille n'est pas or ! *(bis.)*

Dans leurs écrits philantropiques,
Certains auteurs patriotiques
Disant que tout est de travers,
Veulent réformer l'univers. *(bis.)*
Leur plume, brillante et féconde,
Va régénérer le vieux monde,
Ils vous promettent l'âge d'or.
Tout ce qui brille n'est pas or ! *(bis.)*

N'abandonne jamais l'aiguille,
Petite ouvrière gentille,
De la lorette aux beaux atours,
Crois-moi, n'envie pas les jours *(bis.)*
Cédant à la coquetterie,
Tu changerais, petite amie,
Ton bonheur pour du similor.
Tout ce qui brille n'est pas or ! *(bis.)*

LE RESTE SE DEVINE

OU

THOMAS ET LISETTE

Air : *Mon père était pot.*

Piron, plus gai que délicat,
  Sans nul préliminaire,
Dit partout qu'un chat est **un chat**.
  Moi, je suis plus sévère :
    Souvent un seul mot
    En dit beaucoup trop ;
  Mais qu'une gaze fine,
    Sans cacher les traits,
    Voile les portraits...
Le reste se devine.

Lisette aimait le beau **Thomas**,
  La chose est naturelle ;
Thomas était joli garçon,
  Il avait su lui plaire ;
    Mais sages tous deux,
    Chacun sent fort bien
  Que chez leurs pères et **mères**,
    Ils ne pouvaient pas,
    Par rapport aux mœurs...
Le reste se devine.

Cependant, suivez bien le fil
  De cette triste histoire ;
Thomas, revenant du hameau,
  Aux champs surprit Lisette.
    Soudain, chapeau bas,
    Et fort poliment,
  Il lui tint ce langage :
    « M'aimes-tu toujours ? »

Lisette dit : « Oui ! »
Le reste se devine.

Ils avaient longtemps bavardé
   Sur la verte fougère,
Et l'eau qui tombait par torrents
   Les surprit dans la plaine.
     Lors, pour mieux courir,
     Lisette troussa
    Ses jupons et sa robe ;
     Puis, prenant la main
     De l'heureux berger...
Le reste se devine.

Il n'était pas encore très-tard,
   Ce qui fut bientôt cause
Que lorsque la belle rentra,
   Ses parents s'aperçurent,
     Las ! en quel état
     L'amoureux Thomas
    Avait-il mis la belle !
     Son œil était vif,
     Son cœur était gros...
Le reste se devine.

Après avoir examiné
   La tremblante bergère,
Sa mère lui dit : « Se peut-il ?
   Il n'est donc plus de doute ?
     Vos bas sont salis,
     Vos jupons fripés ;
    Votre marche est gênée,
     Vos yeux sont brillants,
     Votre dos est vert...
Le reste se devine. »

La fillette allait s'excuser,
   Quand le père, en colère,
Se lève de contre le feu,
   Et dit : cassant sa pipe :
    « Ah ! je n'y tiens plus !
     C'est un peu trop fort !
    Sors d'ici, malheureuse ! »
     Puis, armant son bras
     D'un manche à balai...
Le reste se devine.

Sans se le faire répéter,
　La tremblante bergère,
Au troisième coup de balai,
　S'enfuit à toutes jambes.
　　Dans son désespoir,
　　Passant sur un pont,
　Elle eut assez de force
　　Pour prier le ciel,
　　Et du parapet...
　Le reste se devine:

Dieu l'écouta probablement,
　Puisque par un miracle
Thomas se trouvait près du pont,
　Qui pêchait à la ligne.
　　La voyant tomber,
　　Plus prompt que l'éclair,
　Il se jette et fend l'onde,
　　Saisit son jupon,
　　Et par ce moyen...
　Le reste se devine.

Les parents sentirent alors,
　Qu'à moins d'être fort bêtes,
Ils devaient unir des amans
　Si bien faits l'un pour l'autre.
　　Bientôt le curé
　　Les unit tous deux,
　Et la noce étant faite,
　　Les nouveaux époux
　　Furent se coucher...
　Le reste se devine.

Conclusion

Amis, si vous êtes contents
　De cette chansonnette,
Si vous vous êtes attendris
　Sur cet amoureux couple,
　　Prouvez-le gaiment,
　　Et qu'ici, ce soir,
　Retroussant tous vos manches,
　　De suite et d'accord,
　　Elevant vos bras...
　Le reste se devine.

　　　　　　　P. TOURNEMINE.

UN CHEVEU

Air : *A genoux devant les pochards.*

Cré nom, sapristi ! j'-n'ai pas d' chance,
Non, dans rien je n' peux réussir.
J' suis tell'ment las d' l'existence,
Qu'à tous prix j' voudrais en finir :
L' destin est pour moi si rebelle,
J' vous en fais le sincère aveu ;
Je m' s'rais d'jà brûlé la cervelle,   } bis.
Si c' n'est que j'y trouve un cheveu.

Dimanche, à la barrière du Maine,
J' rencontre un ami pas jaloux,
Qui m' dit : Fanfan, faut que j' te mène
Dîner crân'ment pour tes vingt sous.
Je m' fais pas prier davantage,
Car cert's j'allais pas manger peu.
Nous allions consommer l' potage,   } bis.
Mais v'la-t-il pas qu' j'y trouve un cheveu.

Une beauté qu' l'on disait fort sage
S'empara d' mon sensible cœur.
J' lui promis qu'un prompt mariage
Fix'rait sous peu notre bonheur :
J' soutiens qu'elle était très-gentille,
Mais voyant qu'ell' cachait son jeu,
J' dis au papa : gardez vot' fille,   } bis.
Pour l'épouser j'y trouve un cheveu.

Je m' s'rais déjà fait militaire,
Mais l'état n' me va pas du tout,
Les uns dis'nt que c'est beau, la guerre.
Après c'la chacun a son goût.
Nos preux soldats, en Italie,
Sans crainte s'élançaient au feu.
Pour défendre ainsi la patrie,   } bis.
Halte-là, moi j'y trouve un ch'veu.

LA GRISETTE LYONNAISE

CHANSONNETTE

Par Arthur LAMY

AIR : *Mon Aldegonde, ma blonde.*

Vraie Lyonnaise
De Vaise,
Bon cœur, tête mauvaise ;
Grisette
Légère et gentillette,
Coquette,
On m'appelle Follette,
La perle de l'Alcazar.
Reine
En mon domaine,
Un regard entraîne,
Et l'amour enchaîne
Les cœurs à mon char.
Vantez, vantez la belle Parisienne,
Tendre syrène,
Magicienne.
Ah ! croyez-moi, la fille de la Seine
A dans le cœur
Bien moins d'ardeur.
A moi la Saône aux sites charmants,
Le Rhône aux flots écumants,
La brise, l'air pur des champs
Et de nos coteaux verdoyants
Les parfums enivrants.
Séjour enchanté !
Je t'aime avec volupté,
Autant que j'aime la gaîté,
Le plaisir et ma liberté. —

En mon asile
Tranquille,
Ouvrière docile,
Sans gêne,
Travaillant la semaine
Sans peine,
Car le dimanche amène
La folie et le plaisir.
L'aurore au rivage
Colore la plage,
Au ciel point d'orage,
Partons à Saint-Cyr.
De la Saône joyeuse canotière,
Sur la rivière,
Vive, légère,
Il faut me voir manœuvrer la première,
Rame ou grapin,
En vrai marin.
A l'Ile-Barbe nous abordons,
Vidant paniers et flacons ;
Sur le gazon nous dînons
Au bruit charmant des flonflons
Et des folles chansons.
Et puis tous heureux,
Le cœur brûlant de doux feux,
Au soir on rentre joyeux,
Et l'amour vient fermer nos yeux.

ÉCRIRE FRANCO

A. HURÉ, libraire-éditeur, à PARIS

RUE DAUPHINE, 44, PRÈS LE PONT NEUF

Seul propriétaire des chansons contenues dans l'**Album du Gai chanteur**.

(Reproduction complétement interdite.)

Paris. Typ. Beaulé, rue Jacq. de Brosse. 10

LA ROUTE DE BESANÇON

OU LA

NOUVELLE PERRETTE

CHANSONNETTE

Paroles de Arthur Lamy; musique de A. Lagard.

La musique chez A. HURÉ, libraire-éditeur, rue Dauphine, 44.

Si vous n'avez pas l'âme noire,
Vous pleurerez à ma chanson,
Car je vais vous dire l'histoire
De la route de Besançon.

Une rose à la gorgerette,
Le nez au vent et l'œil fripon,
Un matin s'en allait Perrette
Sur la route de Besançon.
Elle portait vendre à la ville
Ses œufs, son lait et son oignon,
Et cheminait d'un pas tranquille
Sur la route de Besançon.

Escomptant déjà sa recette,
Elle disait : Dans le canton,
Je ferai tourner chaque tête
Sur la route de Besançon.
Perrette, allons, va! marche ferme!
Avec tout cet argent mignon,
J'aurai poulets, vaches et ferme
Sur la route de Besançon.

Album du Gai chanteur.   4e vol. 66e livr.

Je veux avoir en mariage,
Disait-elle, un joli garçon ;
On peut choisir, quand on est sage,
Sur la route de Besançon.
Perrette s'y croyait sans doute,
Lorsqu'à cheval un beau dragon
Paraît au détour de la route,
De la route de Besançon.

Voyant sa figure friponne,
Corbleu ! dit-il, ainsi peut-on
Abîmer chaussure mignonne
Sur la route de Besançon ?
Là, près de moi, monte, petite.
La belle accepte sans façon ;
A cheval l'amour marche vite
Sur la route de Besançon.

Vous chiffonnez ma collerette,
Laissez ma fleur, dit le tendron ;
Et la rose tombe, pauvrette,
Sur la route de Besançon.
Le cheval, que la chose embête,
Trébuche, et voilà tout au long
Œufs, cavalier, lait et fillette
Sur la route de Besançon.

Adieu, beaux châteaux en Espagne !
Mais, en place, un petit dragon
Vint au monde dans la campagne
Sur la route de Besançon.
Fillette qui voyez la chose,
Retenez bien cette leçon :
Ne laissez pas tomber de rose
Sur la route de Besançon.

BILLET D'INVITATION

ADRESSÉ LE MATIN DU MARDI-GRAS

A MAM'SELLE NINI, LA BRUNISSEUSE D'EN FACE

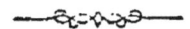

Air : *Eh quoi, tu dors! Irma, réveille-toi.*

Tu ronfle encor, Nini, réveille-toi !
Le mardi-gras éclaire ta chambrette,
Le temps est beau. Viens, amie, et suis moi,
Suis-moi jusqu'à la Petite-Villette.
Là, nous ferons chez le restaurateur
Un balthazar, une franche ripaille.
Comme aux bouchons nous livrerons bataille !
Eveille-toi pour chercher le bonheur ! (*bis*)

Oh ! qu'avec toi je voudrais parcourir
Le grand chemin qui m'naît à la barrière !
Vingt marmitons s'empress'ront de nous offrir
De mets choisis un' moisson salutaire.
Viens, je d'mand'rai chez le meilleur traiteur
Un cabinet pour ma particulière.
Comme à nous deux nous comment'rons Molière !
Ah ! lève-toi pour chercher le bonheur. (*bis*)

C'est trop longtemps danser devant l' buffet.
Grâce à l'Etat, j'ai de l'or plein mes poches.
D' l'om'lette au lard, quelquefois du poulet,
Jusqu'à présent composait nos bamboches.
Mais aujourd'hui que l'or de ce Dieu vainqueur
A de ma bourse arrondi le corsage
Il n'est plus temps, ma Nini, d'être sage :
Je n'y regard' pas, je veux fair' ton bonheur. (*bis*)

Réponse de mam'selle Nini

J' n'aurais pas dû lir' votre billet doux,
Car tous les homm's sont des monstres infâmes.
Pour nous fléchir ils sont à nos genoux ;
Le lendemain ils insultent les *fammes* (sic).
Et cependant je sens je ne sais quoi
Qui me dit là qu' vous n'êt's pas comme un autre.
Vous avez l'air, monsieur, d'un bon apôtre...
C'est accepté. Je viens, attendez-moi...

Maxime GUFFROY.

LA SOUPE AUX CHOUX

CHANSON
De Charles COLMANCE

Air : *Adieu, les filles d'Auvergne.*

J'aime ce qui se mange,
Gras, maigre, entrelardé
   Ou bardé ;
Le cornichon, l'orange,
Le rôti, le ragoût ;
   Mais par goût,
   Ce qui me tente
   Et m'enchante,
C'est la soupe au choux
Que l'on fait chez nous.

Entre nous, je me moque
Du thon, du limaçon,
   Du cresson ;
Pour moi l'œuf à la coque,
Même comme ingrédien,
   Ne vaut rien.
   Ce qui me tente, etc.

Ma ménagère grogne,
Ses enfants sont criards
   Et bavards ;
Mais après ma besogne,

Quand je viens chaque soir
    Les revoir,
  Ce qui me tente, etc.

Bien que d'humeur gaillarde,
Pour moi l'air folichon
    De Fanchon
N'est que de la moutarde ;
Je suis plus affamé
    Qu'enflammé.
  Ce qui me tente, etc.

Pour planter des patates,
L'un court vers le Pérou
    Comme un fou.
L'autre use ses savates,
Pour vendre à Mexico
    Du coco.
  Ce qui me tente, etc.

Il faut, pour être brave,
Se poser le chaudron
    D'un dragon,
Le cotillon d'un zouave
Ou le bleu caraco
    D'un turco.
  Ce qui me tente, etc.

Or, l'appât qui m'excite,
Tout mon bonheur, enfin,
    Quand j'ai faim,
Se fait dans la marmite,
Avec du lard fumé,
    Parfumé.
  Ce qui me tente
  Et m'enchante,
C'est la soupe aux choux
Que l'on fait chez nous.

LA ROSE DES BOIS

CHANSON

Paroles et musique d'Émile DURAFOUR

La musique chez A. HURÉ, libraire-éditeur, rue Dauphine, 44.

Sur ta tige jolie,
Rose, ô toi, mes amours!
Dis-le moi, je t'en prie,
Fleuriras-tu toujours?

Assise sous l'ombrage,
Perrette, pauvre enfant,
Regardant son village,
Disait en soupirant :
Je vais quitter la terre,
Adieu! bosquets et fleurs;
Mais, de ma pauvre mère,
Qui séchera les pleurs.
  Sur ta tige jolie, etc.

J'entends dans la prairie
Le son du chalumeau,
Puis la chanson jolie
Des enfants du hameau.
Tout respire l'ivresse,
Et moi je souffre, hélas!
Le tourment, la tristesse,
Semblent suivre mes pas.
  Sur ta tige jolie, etc.

Pauvre fleur exilée,
Qu'un souffle peut flétrir,
Comme toi condamnée,
Bientôt je vais mourir;
A la saison nouvelle
Je ne te verrai plus,
Je sens que Dieu m'appelle
Au séjour des élus.
  Sur ta tige flétrie, etc.

LE JEUNE SOLDAT

CHANSONNETTE

Par Paul de KOCK

Musique de J. JAVELOT

La Musique se trouve chez **A. HURÉ**, libraire-éditeur, à Paris,
rue Dauphine, 44, près le pont Neuf.

Ne v'là que six mois
Que j' port' l'uniforme,
Et les plus sournois
Disent que j' me forme;
Je n' suis plus c' Jean-Jean
Qu'on trouvait si bête!
A tabl' j'ai d' la tête,
J' bats un rataplan;
J' fais du bruit comm' quatre,
Pour un rien j' veux m' battre !
Aussi l' mond' dit-il
Que j' suis ben gentil.

Pour marcher au pas,
J' n'ons pas la têt' dure,
J'arrondis les bras,
Je prends d' la tournure ;
Je tends le jarret,
Et quand je m' dandine,
Dieu ! que j'ai bonn' mine
Avec mon briquet !

Je valse avec grâces,
Je sais fair' des passes !
Aussi l' mond' dit-il
Que j' suis ben gentil.

Quand le régiment
Pass' dans un village,
J' mets en un moment
Un' ferme au pillage ;
Poulets et dindons,
Je vous prends en traître,
On n' voit plus r'paraître
Ceux que j'abordons ;
Si l'on me querelle,
Je cass' la vaisselle ;
Aussi l' mond' dit-il
Que j' suis ben gentil..

Auprès d'un tendron
D' figure agaçante,
Comme un franc luron
D'abord je m' présente,
J' dis : « V'nez donc causer,
» Jolie insulaire,
» Je suis militaire,
» I' m' faut un baiser.
» — J' n'en donn' qu'à ceux qu' j'aime ! »
Moi, j'avanc' tout d' même ;
Aussi l' mond' dit-il
Que j' suis ben gentil.

En passant cheux nous,
Ai-je fait le diable !
Ils ont ben vu tous
Comm' j'étais t'aimable !
Avec un dragon
J'ai bu l' vin d' ma tante,
A sa p'tit' servante
J'ai fait un poupon ;
J'ai mangé, j'espère,
Tout l'argent d' mon père !
Aussi l' mond' dit-il
Que j' suis ben gentil.

LE
MEUNIER PETIT-JEAN

CHANSONNETTE

Paroles d'Émile DURAFOUR

La musique chez A. HURÉ, libraire éditeur, rue Dauphine, 44.

Près de la Roche-Brune,
Le meunier Petit-Jean
N'a pour toute fortune
Qu'un vieux moulin à vent.
Pour narguer la misère,
Riant du lendemain,
Sans soucis sur la terre,
Jean dit, moulant son grain :

REFRAIN

Tic tac, tic tac, tic tac, tin tin,
Rien ne vaut mon moulin ;
Tic tac, tic tac, tic tac, tin tin,
Rien ne vaut mon moulin.

Avec sa rouge trogne,
Ses cheveux grisonnants,
De la vieille Bourgogne
C'est le Roger Bontemps.
Quand un pauvre s'approche,
Jean n'est pas inhumain,
Vite il fouille en sa poche,
Redisant son refrain :
　　Tic tac, tic tac, etc.

Aimant la chansonnette,
Le vin et les amis,
Pilier de la guinguette,
Souvent on le voit gris.
Partisan de la treille,
Joyeux, le verre en main,
Il vide sa bouteille,
Puis répète soudain :
　　Tic tac, tic tac, etc.

ÊTRE AIMÉ ET MOURIR

ROMANCE

Paroles et musique de

ÉMILE DURAFOUR

La Musique se trouve chez **A. HURÉ**, libraire-éditeur, à Paris,
rue Dauphine, 44, près le pont Neuf.

Bientôt, mon aimable Isabelle,
Je devrai quitter ce séjour.
Quand tous deux nous rêvions, ma belle,
Le bonheur, l'espoir et l'amour,
Le ciel me reprend l'existence;
Sans plus tarder il faut partir.
Pour nous il n'est plus d'espérance, } *bis.*
Je sens, hélas! qu'il faut mourir!

Sous le porche saint de l'église
N'entends-tu pas un joyeux bruit?
La jeune et coquette Denise
Doit se marier aujourd'hui.
Tous deux aussi, ma bien-aimée,
Le vieux prêtre allait nous unir.
Mais non, fatale destinée! } *bis.*
Je sens, hélas! qu'il faut mourir!

Que de gaîté dans la nature!
Les buissons se couvrent de fleurs,
L'oiseau chante dans la ramure
Tandis que je verse des pleurs.
Pourquoi faut-il que je succombe
Quand tout m'annonçait le plaisir?
Adieu! je descends dans la tombe!
Je sens, hélas! qu'il faut mourir!
Adieu! je descends dans la tombe!
Etre aimé, mon Dieu! et mourir!

GEORGE SAND
A L'ACADÉMIE

Paroles de **JOSEPH ÉVRARD**

Air : *Béranger à l'Académie.*

Non, George Sand, non, tu ne peux rien être !
L'homme à la femme a crié : Ne sois rien !...
L'homme, c'est tout ! et lorsqu'il parle en maître,
Il est logique ! On le conçoit fort bien.
Ainsi, messieurs nos écrivains prud'hommes,
De vos fauteuils soyez fiers ! Mais, hélas !
Nos immortels ne sont donc que des hommes ?...
A l'Institut les jupons n'entrent pas !

Lorsqu'à Paris, jeune, tu vins quand même,
Etudiante à qui tout fit accueil,
Intelligente et bruyante bohême,
Vous aviez là vos malles pour fauteuil !...
Mais de la gloire, en fixant le pinacle,
Persifflant tel qu'on enviait tout bas,
Ils te mentaient ! tes amis de cénacle :
A l'Institut les jupons n'entrent pas.

Quand, franchissant l'arène littéraire
Et captivant un monde applaudisseur,
Tu vins trôner au flot du populaire,
Hugo frémit et de Musset eut peur...
Lors, emboîtant l'immortelle cohorte
Jusqu'au velours qui leur tendit les bras,
Tu les suivis... jusqu'au seuil de la porte,
A l'Institut les jupons n'entrent pas.

L'amour du vrai chez toi suit le génie!
Va! conduis-nous vers un monde moral.
L'erreur nous doit sa lente gémonie,
Sape l'erreur, écrivain social!
Vers l'assemblée, allons, tribun civique,
Suis-nous! ta voix a droit à nos débats!
« C'est l'Institut du monde politique!
» A l'Institut les jupons n'entrent pas! »

Qu'importe un Pinde, où, lorsqu'il se hasarde,
L'esprit lui-même a besoin d'un habit?...
Sand! ton forum, au Louvre, à la mansarde.
Il est partout, au cœur de qui te lit.
Courage donc, ô lyres inquiètes!
Vous qui suivez Mercœur, Sand, Ségalas,
Sans Institut, femmes, restez poëtes :
A l'Institut les jupons n'entrent pas.

ÉCRIRE FRANCO

A. HURÉ, libraire-éditeur, à PARIS

RUE DAUPHINE, 44, PRÈS LE PONT NEUF

Maison spéciale pour toutes les Publications en Musique petit format, à **20, 25, 40, 50** et **60** centimes net

Commissions pour la province

Éditeur de la collection populaire

LES SUCCÈS

Cette collection renferme le choix le plus varié de Romances, Chansons, Chansonnettes, Scènes comiques et Duos. **525** livraisons sont en vente.

PRIX DE LA LIVRAISON : **20 cent.**, RENDUE FRANCO

Le Catalogue de cette collection sera adressé *franco* aux personnes qui en feront la demande par lettre affranchie.

Paris. Typ. Beauté, rue Jacq. de brosse, 10

ÇA FAIT
TANT D' PLAISIR
ET ÇA COUT' SI PEU

CHANSONNETTE

Paroles de Arthur Lamy, musique de Charles Pourny.

La Musique se trouve chez **A. HURÉ**, libraire-éditeur, à Paris,
rue Dauphine, 44, près le pont Neuf.

Rentrant au hameau, Berthe la jolie,
Près du petit bois un beau soir passait.
Près du petit bois, sur l'herbe fleurie,
Gardant son troupeau, Lucas la guettait.
L'amour, lui dit-il, de sa vive flamme
Consume mon cœur. Oh ! cruel tourment !
Un tendre regard calmerait mon âme...
— Un tendre regard, non, monsieur, vraiment,
    Non, monsieur, vraiment !
    Grand' mèr' le défend.

Album du Gai chanteur.   4ᵉ vol. 67ᵉ livr.

Mais la charité veut que l'on s'entr'aide.
Aimer son prochain, c'est l'ordre de Dieu ;
Au cœur malheureux, quand on vient en aide,
Ça fait tant d' plaisir (bis) et ça coût' si peu.

Pour rendre à mon cœur le bonheur suprême,
Viens sous ces ormeaux t'asseoir près de moi ;
Si ta douce voix me disait : Je t'aime,
Je serais, crois-moi, plus heureux qu'un roi.
Mais, si, repoussant mon amour sincère,
Tu riais des maux du plus tendre amant,
Cet instant serait mon heure dernière.
Viens, je t'aime... viens ! — Non, monsieur, vraiment
  Non, monsieur, vraiment !
  Grand' mèr' le défend.
Mais la charité veut que l'on s'entr'aide, etc

Pourquoi t'éloigner ? Ah ! de mon martyre
Veux-tu redoubler le supplice affreux ?
Pour mon pauvre cœur, ton joyeux sourire
Semble bien plus doux qu'un rayon des cieux.
Puisqu'à ton amour je n'ose prétendre,
Berthe, laisse-moi cueillir seulement
Sur ton front si pur un baiser bien tendre...
— Un baiser ! grand Dieu ! non, monsieur, vraiment
  Non, monsieur, vraiment !
  Grand' mèr' le défend.
Mais la charité veut qu'ici je cède ;
Un baiser... prenez... Lucas en prit deux...
Au cœur malheureux quand on vient en aide,
Ça fait tant d' plaisir (bis) et ça coût' si peu.

LE BONNET DE COTON

CHANSON DE NOCE

Air : *Dodo, mon petiot.*

Cette nuit même, entre mes draps,
Je méditais une romance ;
Mais, hélas ! je ne trouvais pas
Un seul couplet de circonstance,
Quand tout à coup ce gai refrain
Vint m'aider et me mettre en train :
    Bonsoir, mon garçon,
Quand on perd son indépendance,
    Bonsoir, mon garçon,
On met son bonnet de coton.

Indépendance, ô cher trésor !
Serait-il vrai, tu m'abandonnes ?
Ah ! laisse-moi fêter encor
Les douces nuits que tu nous donnes...
Mais non, déjà d'un air narquois,
Tu me dis en baissant la voix :
    Bonsoir, mon garçon,
De l'hymen les nuits sont très-bonnes ;
    Bonsoir, mon garçon,
Mets vite un bonnet de coton.

Moi qui ne m'occupais que peu
Comment tout se passait au gîte,
Je devrai désormais au feu
Mettre, écumer la marmite,
Et puis, pour mes petits marmots,
Gagner et joujoux et gâteaux...
    Bonsoir, mon garçon,
A l'ouvrage mets-toi bien vite ;
    Bonsoir, mon garçon,
Et mets ton bonnet de coton.

C'en est donc fait, je suis époux,
Maintenant je dois être sage.
Adieu, billets et rendez-vous,
Adieu, filles au frais visage.
D'en haut saint Joseph m'aperçoit,
Et crie aussitôt qu'il me voit :
    Bonsoir, mon garçon,
Au moment d'entrer en ménage,
    Crois-en ton patron,
Mets vite un bonnet de coton.   Alexis BADOU.

LES
RUBANS DE PAUVRETTE

BLUETTE

Paroles et musique d'Émile DURAFOUR

La Musique se trouve chez **A. HURÉ**, libraire-éditeur, à Paris,
rue Dauphine, 44, près le pont Neuf.

Merci, ma bonne marraine,
Du présent que tu me fais ;
Plus heureuse qu'une reine,
Combien mon cœur est satisfait !
Je ne suis plus la pauvrette
Rougissant de ses habits ;
Des rubans à ma cornette
Feront jaser dans le pays.

REFRAIN

Combien les filles du village
Seront jalouses, je le gage,
De voir que j'ai des beaux rubans :
Des rouges, des bleus et des blancs.

Quels jolis rubans!
Quels jolis rubans!
Oh! mais, oh! mais, les beaux rubans.

Maintenant j'ai l'espérance
Que les garçons d'alentour
Viendront dimanche, à la danse,
Me parler de leurs amours.
Comme Jeanne, la fermière,
J'aurai des adorateurs.
Comme elle je serai fière
De captiver tous les cœurs.
    Combien les filles, etc.

Mais d'où vient que la tristesse
Tout à coup remplace en moi
Cette douce et folle ivresse
Qui m'enchaînait à sa loi?
Des haillons couvrent ma mère;
Évitons à temps l'écueil :
Mieux vaut l'honnête misère
Selon moi, qu'un fol orgueil.

Combien es filles du village
Se moqueraient de moi, je gage,
Si je portais des beaux rubans,
Des rouges, des bleus et des blancs.
    Non, plus de rubans!
    Non, plus de rubans!
Souvent ils causent des tourments.

LE VIEUX
DÉFENSEUR D'AUTREFOIS

Paroles d'Émile DURAFOUR

Voyez au pied de la verte colline
Cet humble toit, simple et modeste abri,
D'un bon vieillard c'est la pauvre chaumine,
Sa voix tremblante à tous passants redit :
Venez, enfants, apprendre mon histoire ;
J'ai su jadis, par de nombreux exploits,
Parer mon front des lauriers de la gloire :
Je suis un vieux défenseur d'autrefois. (*bis.*)

En vrai soldat, j'ai fait le tour du monde,
Sans sourciller, j'affrontais le trépas ;
Chacun de nous redisait à la ronde :
Vaincre ou mourir est le cri des combats.
Je fus blessé deux fois en Italie,
Mon général me donna cette croix.
J'ai combattu pour ma noble patrie :
Je suis un vieux défenseur d'autrefois. (*bis.*)

Jeunes soldats de la nouvelle armée,
Vous vous montrez dignes de vos aïeux :
En Italie, aussi bien qu'en Crimée,
Votre étendard flotta victorieux.
J'honore en vous cette noble vaillance ;
Des opprimés vous défendez les droits.
Tout comme vous, j'ai souffert pour la France :
Je suis un vieux défenseur d'autrefois. (*bis.*)

Adieu, beau ciel, adieu, riant bocage,
Je ne dois plus espérer le printemps,
Car avant peu la cloche du village
Annoncera la fin de mes vieux ans.
Tout ici-bas se consume et succombe ;
Les monuments, les vassaux et les rois ;
Dans quelques jours on lira sur ma tombe :
Ci-gît un vieux défenseur d'autrefois. (*bis.*)

LA SOIRÉE D'UN TROUPIER

AU DÉCOMPTE

POT-POURRI

PAR ÉMILE CARRÉ

Air : *Brigadier, vous avez raison.*

Un troupier, l'espoir de la France,
Se promenait le nez en l'air ;
Il avait les gants d'ordonnance,
La veste et le schako couvert ;
La main gauche à la bayonnette
Il marchait en se dandinant, (bis)
Chacun, en voyant sa binette, } bis.
Se disait : Mais c'est d'Artagnan !

Air de la *Catacoua.*

Tout fier d'entendre les éloges
De ceux qui peuplaient le trottoir,
Il ne vit pas que les horloges
Accusaient cinq heures du soir ;
Il allait sifflant un quadrille
Qui, sous Louis XVI, était nouveau,
    Puis se dit : Oh !
    Et le fricot !
Bigre ! rentrons, mon rata n'est plus chaud ;
  Quand il vit poindre à la Bastille
  Un tablier de calicot.

Air : *A soixante ans il ne faut pas remettre,*
ou *du 14 Juillet* (de Béranger).

« Qu'entre-aperçois-je au pied de la colonne?
Ah! c'est, dit-il, une bonne d'enfant.
Si j'enlevais cette grosse luronne!
Accostons-la sentimentalement,
En lui faisant un léger compliment.
Précisément l' quibus me vient en aide,
Ça tombe à pic, mon trésor est tout prêt.
Faisons sauter tout l'or que je possède.
C'est aujourd'hui le décompte et le prêt. » } *bis.*

Air : *Partant pour la Syrie.*

« Sensible demoiselle!
Vous *voiliez* à vos pieds
Cet amant si fidèle,
Dont auquel vous rêviez.
Passez-moi votre ombrelle,
Que j'ai' l'air effrayant!
Vous êtes la plus belle,
Je suis le plus vaillant! } *bis.*

Air : *Laissez les roses aux rosiers.*

» Ce marmot qui verse des larmes,
En s'appuyant sur votre sein,
Ne peut apprécier vos charmes
Qu'admire un tendre fantassin.
Ange gardien, à ma prière   *bis.*
Vous céderez si vous m'aimez...
Portez cet enfant chez sa mère,
Et suivez-moi les yeux fermés. » } *bis.*

Air : *Toto Carabo.*

Ça tombait à merveille :
L'ange au tablier blanc,
　En cousant,
S'était dit l'avant-veille :
« Faut qu' j'aie un amoureux
　Belliqueux.
De mon cœur qui bat,
Dit-elle au soldat
Qui lui baisait la main
Vous êtes sou (*ter*) verain. »

Air : *Vivent les chansons grivoises*
et *le Vin de Ramponneau.*

Une heure après, l'heureux couple
Dînait dans un cabinet,
Puis, sur un canapé souple
Librement se pavanait.
« Dieux ! comme me voilà faite ! »
Dit Vénus en rougissant...
Mars agita la sonnette,
Quelqu'un répondit : « Présent ! »

Air : *Allez cueillir des bleuets dans les blés.*

« Vous écoutiez, marmiton, à la porte,
J'en suis certain, vous paraissez trop tôt ;
Les conquérants n'y vont pas de main morte,
Et moi surtout je ne suis pas manchot :
On me croit doux, mais prompt comme la foudre
Je casse tout quand je suis échauffé !...
En attendant que je vous mette en poudre *(bis)*
Préparez-nous deux tasses de café... »

Air du *Roi Dagobert.*

Le café demandé
Sur un plateau fut apporté :
Il sentait le charbon,
Bref il n'était ni chaud ni bon ;
Ce fut un moment
De débordement
Pour nos amoureux,
Qui dirent tous deux :
« Il doit vous assoupir
Au lieu d'empêcher de dormir. »

Air : *Alleluia.*

« C'est comme leur vin de dessert,
Il était passablement vert...
Pouac ! on ose appeler cela
Gloria !... »

Air du *Sire de Framboisy.*

« Garçon ! la carte, vite, apportez-là nous :
Huit francs cinquante ! Ah ! les gueux, les filous !
Tenez, canaille, voici huit francs dix sous,
Payez vos maîtres....ce qui reste est pour vous. »

Air : *T'en souviens-tu ?*

Dans sa fureur à nulle autre pareille,
Ah ! je suis cuit ! poursuivit notre preux.
S'il n'avait pas été tondu la veille,
Le malheureux s'arrachait les cheveux.
Me carotter ! dit-il avec tristesse,
Me carotter ! moi, maître de bâton !
Puis comme l'onde, alors que le vent cesse,
Il devint calme et parla sur ce ton :

Air : *On n' peut pas faire un seul pas dans l'église
sans dépenser d'argent.*

« Moi qui rêvais pour mon ange une place
Au paradis... là-bas, à la Gaîté !
Sur neuf francs vingt, mon excédant de masse,
Tiens, ma Suzon, vois ce qui m'est resté.
Dans ce Paris où la foule se presse
(J' te d'mande un peu si c'est encourageant ?)
On ne peut pas régaler sa maîtresse,
Sans dépenser d' l'argent. *(bis)*

Air : *Je suis le docteur Isambard.*

» Quitte donc cette air assombri,
 Ri, ri, ri, ri, ri, ri, ri,
  Ri, ri, ri, ri, ri.
Allons au petit Lazari,
 Ri, ri, ri, ri, ri, ri, ri,
  Ri, ri, ri, ri, ri,
Ou dans cette baraque-là,
Zign, malazign, malazign, boum, boum !
Entrons voir le serpent boa,
  Ah ! ah ! ah ! ah ! »

Air : *Vous m'entendez bien.*

Suzon ajouta : « Si j' me r'pens,
C'est d'avoir vu trop de serpents.
 Je sais que leur piqûre...
  — Hé bien ?
 — Peut produire une enflure...
 Vous m'entendez bien ? »

Air : *Jamais la foudre ne s'abat sur la capote
du soldat.*

« Bon, pensa le fils de Bellone,
Elle a peur que je l'abandonne ;
Je voudrais bien savoir comment
Je puis la quitter poliment ?
Je n'ai pourtant pas le courage
De m'enfiler dans un passage !
En cherchant une occasion,
Changeons la conversation.

Air : *Conscrits, quittez vos foyers à l'appel
de la gloire.*

» Je pendrais ce gargottier
En guise de lanterne
Pour ce qu'il m'a fait payer
Son prétendu Sauterne ;
Plus moyen de ripailler.
Hélas ! je peux me fouiller.
  L'appel est sonné,
  Et je suis ruiné,
Je rentre à la caserne. »

Air du cantique : *Au sang qu'un Dieu va répandre.*

« Est-ce ainsi que l'on se quitte ?
Reprit Suzon, qui pleurait.
Tu sais que je suis sans gîte,
Puisque j'ai pris mon paquet ;
Je te croyais des mérites,
Je vois que tu n'en as pas,
Tu t'en vas et tu me quittes ?
— Je te quitte et je m'en vas. »

Air : *En avant, partons, camarades* (Béranger).

« Au surplus, pour mes incartades,
A l'osto je serai logé.
Je suis las de tes embrassades,
Je veux te donner ton congé.
J'eus tort de te montrer le vice,
Mais tu le connaissais déjà.
Au diable ton œil en coulisse ;
Las ! il est trop malin déjà ;

tâche de rentrer en service,
   Je n' te dis qu' ça,
   Ainsi voilà,
   Je n' te dis qu' ça. » (*quater*)

MORALITÉ

Air du *Ménétrier de Meudon.*

Ainsi finit la pièce :
Mars évinça Vénus,
L'amant et la maîtresse
Ne se revirent plus.
Il est une matronne
Qui jure ses grands dieux
Qu'aujourd'hui la bobonne
Est nourrice sur lieux.

En tout temps le guerrier français
Auprès du sexe eut du succès :
En amour il a des attraits,
Mais il ne s'attache jamais.

ÉCRIRE FRANCO

A. HURÉ, libraire-éditeur, à PARIS

RUE DAUPHINE, 44, PRÈS LE PONT NEUF

Maison spéciale pour toutes les Publications en Musique petit format, à **20, 25, 40, 50** et **60** centimes net

Commissions pour la province

Éditeur de la collection populaire

LES SUCCÈS

Cette collection renferme le choix le plus varié de Romances, Chansons, Chansonnettes, Scènes comiques et Duos. **525** livraisons sont en vente.

PRIX DE LA LIVRAISON : **20 cent.**, RENDUE FRANCO

Le Catalogue de cette collection sera adressé *franco* aux personnes qui en feront la demande par lettre affranchie.

Paris Typ. Beaulé, rue Jacq de Brosse, 10

LE TAMBOUR DE COMMUNE

CHANSONNETTE

Paroles et musique de

AUGUSTE BOULANGER

La Musique se trouve chez **A. HURÉ**, libraire-éditeur, à Paris, rue Dauphine, 44, près le pont Neuf.

Plan, r'lantanplan, r'lantanplan, r'lantanplan,
Et plan, plan, plan, plan, r'lantanplan, r'lantanplan,
Accourez tous, gens du village,
Pour un moment quittez l'ouvrage,
Plan, r'lantanplan, r'lantanplan, r'lantanplan,
Car c'est pour vous que j' bats un ban ;
Et plan, plan, plan, plan, r'lantanplan, r'lantanplan.

D'abord prêtez-moi vos oreilles,
Ça vous procurra l'agrément
D' m'entendr' annoncer les merveilles
Qu' vous allez voir incessamment.
Un peu d' silence,
V'là que j' commence,
C'est l' bon moment,
C'est l' bon moment,
V'là que j' commence,
C'est l' bon moment.

(*Parlé. — Le chanteur doit avoir une grande affiche.*)
Avis aux amateurs d' la propreté. Un chimiste des plus distingués d' Paris vous fait à savoir, par l'organe de mon tambour, qu'à la suite de nombreuses recherches, il vient enfin de découvrir le moyen infaillible de détruire instantanément toutes les *puces, punaises* et autres animaux domestiques créés à l'usage des deux sexes; conséquament, il invite tous les ceux et les celles qui seraient dans l'intention de s'en débarrasser promptement, de vouloir bien les lui envoyer tous dans une boîte fermée très hormétiquement, et par le moyen d' son nouveau procédé, il vous en débarrassera pour toujours. Affranchir!!! A M. *Brule-Insectes*, rue des Rats, 7. — Une *suscription* vient d'être ouvarte cheux M. *Pigetout*, notaire, en faveur du père *Belle-Avoine*, l' grainetier d' la rue du Pas de la *Mule*, dont la récolte est devenue la proie des flammes; et d' tout l' *seigle* qui possédait dans sa grange, il ne lui reste pas un grain d' *blé* à s' mettre sous la dent, ce qui, pour le moment, l'empêche de faire ses *orges*. Privé d' son fourrage, et n'ayant plus d' *trèfle*, c' qui l' *pique* beaucoup, il s' voit forcé de r'noncer à *tout*, quoiqu'ayant du *cœur*; et pour ne pas s'être gardé à *carreau*, ce malheureux s' voit sur l' *pavé* faute de *paille*, ce qui l'empêche de mettre du foin dans ses *bottes*. — Demandes : Un jeune homme de bonne famille, ayant essuyé des revers... faute de fortune, possédant une brillante éducation, parlant plusieurs langues, pouvant au besoin enseigner la musique et l' dessin, désire entrer dans un collége pour y panser les *chevaux*. S'adresser à M. *Belle-Etrille*, rue des Petites-*Ecuries*, 5.
— Une jeune et jolie personne anglaise, arrivant d' Londres, désire trouver quelqu'un pour l'eu z'y montrer sa *langue*. S'adresser à mademoiselle *Modeste*, rue d' la Bienfaisance, 4. — Un monsieur d' bonne maine, n'ayant point réussi dans l' z'affaires, désire trouver un petit fond d' rentier, soit à la ville ou à la campagne, pourvu que le revenu dudit fond ne dépasse pas de sept à huit mille livres de rente. S'adresser, pour les arrangements, à M. *Bonne-Affaire*, rue Vide-Gousset, 9.
— M. *Prospère*, de Paris, qui tient à la galette du Gymnase, attendu qu'il aime toujours *Bouffé*, a l'honneur de vous informer qu'il vient de placer un dépôt d' son eau d' Cologne au beau milieu d' la *foire*; il ose espérer que la supériorité d' son *parfum* le maintiendra

toujours en bonne *odeur*... dans l'esprit du public. Par la même occasion, M. le maire (*saluer de la tête*) vous prévient qu' l'année prochaine la *foire* ne s' tiendra plus d'vant la mairerie, et pour qu'elle s'*écoule* plus facilement, on la transportera tout le long... le long... d' la boutique du *pharmacien*. Qu'on se le dise. (*Au refrain.*)

A propos, l' docteur Trois-Gambades,
L' premier méd'cin d' notre canton,
Donn'ra pour prime à ses malades
L'çons d' polka, mazurke et piston ;
 Pour la vaccine,
 Classe enfantine,
 De mirliton,
 De mirliton,
 Classe enfantine,
 De mirliton.

(*Parlé.*) C'est pour faire concurrence à son confrère *Proutenselle*, qu'est toujours à cheval sur la science. On vous fait tous à savoir que ce soir, dans la salle de danse, il sera donné une représentation extraordinaire, au bénéfice des comédiens ordinaires d' la commune. Le spectacle se composera d' la *Juive*, superbe opéra lyrique en cinq actes, qui, pour cette fois seulement, sera chanté en *prose* par les premiers sujets v'nus... tout exprès... du grand *théâtre... du petit Lazarie...* Le directeur, jaloux de donner à c' brillant ouvrage tout l'attrait dont il est susceptible, prévient les vrais amateurs, à qui il veut faire une surprise, que tous les principaux morceaux d' musique seront exécutés en *pantomime italienne* pour les personnes qui n' comprendraient pas bien l' *français*. Au quatrième acte, un nouveau divertissement sera exécuté par M. *Trognon*, cheuf des *ballets*, qui s' *démanchera* comme *quatre* dans un pas d' *trois*, qui dansera tout *seul*. Vu la beauté du spectacle, les places ne s'ront pas raugmentées; mais les personnes qui ont pris des coupons d' chaises pour s'asseoir sont priées d' les retirer avant midi. — Un cabinet d' *curiosités* des plus curieux, provenant des sept marveilles du monde, vient d'être ouvart au public rue du R'gard, où qu'on pourra voir tous les jours une grande quantité d'objets rares et curieux, tels que les *plumes* du premier *dinde*, qui furent rapportées par une véritable *oie*, descendant d' ses ancêtres qui sauvèrent le *Capitole*; les *lunettes* que portait *Bélisaire* au moment où l'empereur Justinien lui fit faire l'opération d' la *cataracte à l'œil*; l'antique et authentique *bâton* du Juif errant, qui fut r'trouvé dans les mers glaciales après l' tremblement d' terre de *Lisbonne*. On remarquera, comme ayant appartenu à Catherine de Médicis, l'*anse* d'un vieux *vase* dont le *nom propre... se perd dans la nuit... des temps;* plus un tableau moderne peint par un ancien r'*présentant;* la Brinvillier, célèbre empoisonneuse : elle est dans son laboratoire, au milieu d'un tas d' *poisons* qu'elle distille; la véritable et blanche colombe sortant d' l'Arche de *Noé* : vous la verrez r'présentée, comme maître *corbeau* sur un arbre perché, tenant dans son bec une *branche d'olivier;* la mâchoire d'*âne* de Samson et trois d' ses plus forts *cheveux, empaillés* dans d' l'esprit d' vin ; le manche du *gigot* avec lequel s'asphyxia *Lucullus*, un des buveurs de *Rome;* l'aiguille qui servit à *Cléopâtre* pour la confection des chemises de *Marc Antoine (dire marque en toile);* le poignard avec lequel *Néron* rendait la vie aux personnes dont il voulait s' débarrasser; le fameux parapluie de *Pepin l' bref*, qui fut embaumé par le procédé *ganal (dire ganache)*. Tous tant qu' vous êtes, on vous invite à v'nir le voir. Qu'on se le dise. (*Au refrain.*)

Comm' la fête s' trouve un dimanche,
Bien qu' l'autorité n' parl' point d' ça,
Chacun peut mettre un' chemis' blanche,
S' laver les mains et *cætera;*
　Plus vot' toilette
　S' trouv'ra complète,
　Mieux ça vaudra,
　Mieux ça vaudra,
　S' trouv'ra complète,
　Mieux ça vaudra.

(*Parlé.*) Vous savez tous que c'est dimanche prochain

qu'aura lieu la fête du pays. En voici l' programme :
Dès six heures du matin, le son des cloches et une *salve* de trois, et un coup d' fusil tiré sur la grande place par le garde champêtre (*saluer de la tête*), r'vêtu d' ses insignes, annonceront aux habitants d' la commune que la fête est commençai. A dix heures, grande distribution d' *chaussettes* à domicile; si vous trouvez *ça beau*, vous aurez chaussure à vot' *pied*. Après l'office, prise d'armes, évolution militaire et défilé d'vant M. l' maire (*saluer*), qui vous prévient que les *rosières* étant de plus en plus rares, on n'en couronnera point c't' année, attendu qu' pour célébrer c'te cérémonie la commune n'a pu prendre un brevet que d' quinze ans, ce qui fait que les rosières tombent de jour en jour dans l' domaine *public*. A deux heures, joûte et fête nautique dans la mare du père *Lambourbeux*. A quatre heures, grande course à *âne* qui sera commandée par le maître d'*école* du pays, et exécutée par ses plus forts *éleuves*. A six heures, danse, jeux d'adresse, tir à l'*oie casse cou*, et autres divartissements du même genre seront mis à la disposition du public; en cas d'accident grave, un' ambulance sera cheux l' maréchal ferrant. A la nuit, grande illumination d' *chandelles* à l'instar de celles de *bougies*. Il y aura dîner et réception chez M. le maire (*saluer*). Elle se terminera par un grand *thé... d'hommes*; puis un concert d'harmonie exécuté par votre serviteur, deux violons et l' serpent d' la paroisse, termineront cette brillante journée. — *Mesures d'ordre* : Pour éviter l'encombrement des voitures qui pourraient v'nir à la fête, les charrettes suivront la grande route comme à l'ordinaire, et les piétons pourront circuler plus librement sur les bas côtés; voulant prévenir l'incendie qui est presque toujours désagréable pour les voisins, il a été décidé à l'unanimité, par M. le maire (*saluer*), qu'à neuf heures un grand feu d'artifice *hydraulique* sera tiré sur la terrasse de la *Poudrière*; le feu sera dirigé habilement par M. *Lanceleau*, chef des pompiers, avec des nouvelles pompes à incendie venant d' Paris, qui imiteront parfaitement des cascades de feu qui, en tombant, se trouveront adroitement comprimées par une immense chute d'eau naturelle qui vomira, pour le bouquet, des flammes de Bengale en verres de couleur, ce qui produira une véritable inondation. **On est prié de s' munir de parapluie. Qu'on se le dise. (Au refrain.)**

LE CHAMPAGNE ET LES CHANSONS

CHANSON BACHIQUE,

La Musique se trouve chez **A. HURÉ**, libraire-éditeur, à Paris, rue Dauphine, n° 44, près le Pont-Neuf.

On peut aussi chanter cette chanson sur l'air de la *Chanson de Valentin* (DIANE DE LYS).

Jadis, j'ai lu dans un livre,
Quand j'apprenais mes leçons :
Que nous faut-il pour bien vivre !
Du bon vin et des chansons.
(*Parlé.*) Garçon ! — Boumm !
Vite, apporte du champagne,
Pour égayer ma chanson.
Ah ! ah ! ah ! vite, garçon,
Verse, verse du champagne,
Du champagne à plein flacon.

Il est de bien bonnes choses
Dans la vie assurément ;
Mais, si l'on y veut des roses,
Il faut l'arroser souvent.
(*Parlé.*) Garçon ! Boumm !   — Vite, apporte, etc.

D'une gaudriole fraîche
Les refrains, quoique jolis,
Sortant d'une gorge sèche
Ont l'air d'un *de profundis*.
(*Parlé.*) Garçon ! Boumm !   — Vite, apporte, etc.

Ce vin chasse la tristesse
Et les soucis tracassiers ;
On oublie en son ivresse,
Tout, jusqu'à ses créanciers.
(*Parlé.*) Garçon ! Boumm !   — Vite, apporte, etc.

Sur nos yeux, faisant merveilles,
Il met de riants rideaux ;
Quand j'ai bu quatre bouteilles
Je vois tous les hommes beaux.
(*Parlé.*) Garçon ! Boumm !   — Vite, apporte, etc.

Mille fois depuis l'histoire
Ces couplets ont été dits ;
Mais les refrains qui font boire
Seront toujours applaudis.
(*Parlé.*) Garçon ! Boumm !   — Vite, apporte, etc.

A. LAMY.

LA BIENFAISANCE

ou

HONNI SOIT QUI MAL Y PENSE

CHANSONNETTE

Par Paul de KOCK

Musique de J. JAVELOT

La Musique se trouve chez **A. HURÉ**, libraire-éditeur, à Paris,
rue Dauphine, 44, près le pont Neuf.

    Faites le bien, *(bis)*
C'est ce que je dis à la ronde.
Contre le destin chacun gronde ;
Moi, d'être heureux j'ai le moyen.
Imitez-moi, jeunesse aimable :
Pour trouver le temps supportable,
    Faites le bien. (*4 fois*)

    Faites le bien,
Vous qui, malgré votre richesse,
Rongés par l'ennui, la paresse,
Goûtez tout sans jouir de rien ;
Si vous voulez qu'on vous honore,
Vous pouvez être heureux encore.
    Faites le bien.

Faites le bien,
Femmes dont l'époux est volage,
De son trésor faites usage,
Puisqu'il n'en reste pas gardien ;
Si l'inconstant vous abandonne,
Pour chasser l'ennui qu'il vous donne,
    Faites le bien.

« Faisons le bien, »
Me disait certaine dévote,
Encor jolie et point bigote,
Dont j'obtenais un entretien ;
« Dieu ! que c'est beau la bienfaisance!
» Ah ! monsieur, quelle jouissance!
    » Faisons le bien. »

« Faisons le bien, »
Répète cette douairière ;
Elle se marie à Gros-Pierre,
Et dit en lui passant son bien :
« Soyez riche, c'est mon envie,
» Mais, avec moi toute la vie,
    » Faites le bien. »

Faites le bien,
Vous qui fûtes jadis grisette ;
Vous portez béret, plume, aigrette,
Vous avez un luxe indien !
Mais du temps de votre indigence
Si vous conservez souvenance,
    Faites le bien.

« Faisons le bien, »
Dira toute femme sensible ;
Au malheur elle est accessible,
Dût-elle obliger un vaurien.
En France, en Prusse, en Italie,
Que répète femme jolie ?
    « Faisons le bien. »

Faites le bien,
Jeunes-gens, voilà ma morale,
Evitez le bruit, le scandale,
Au pauvre servez de soutien,
A la beauté voulez-vous plaire,
Soyez galants, sachez vous taire,
    Faites le bien.

GRIMACE

Chanson d'Émile DURAFOUR

La musique chez A. HURÉ, libraire éditeur, rue Dauphine, 44.

Vrai partisan de la philosophie,
Je vais enfin vous parler sans détour :
Tout ici-bas n'est que grimacerie,
Les grimaciers augmentent chaque jour.
Au nouvel an, on se presse, on s'embrasse,
Chacun reçoit ou fait quelques présents
Toujours suivis de tendres compliments.
  Grimace,
  ' Grimace,
  Mensonge et grimace,
   Grimace,
   Grimace,
  Mensonge et grimace.

Voyez la femme orgueilleuse et coquette,
Voulant soumettre et mener son mari,
Comme l'on dit, mener à la baguette,
Je sais fort bien qu'elle s'y prend ainsi ;
Un petit rien l'attriste et la tracasse,
Puis elle feint de répandre des pleurs,
Ou bien alors madame a des vapeurs.
  Grimace, etc.

Nous aimons tous un ange en crinoline,
Dont les doux yeux captivent notre cœur ;
Nous la nommons Marguerite, Églantine,
La comparant à la plus belle fleur.
A ses genoux notre peine s'efface ;
Humble et soumis à sa divine loi,
Elle nous dit : « Je n'adore que toi. »
  Grimace, etc.

Soyez heureux, vivez dans l'opulence,
Les meilleurs soins ne vous manqueront pas ;
Chacun pour vous est plein de complaisance ;
Quand vous passez, vite on met chapeau bas.
Puis, si la mort vous saisit et vous glace,
Vos héritiers, ces bons, ces nobles cœurs,
Tristes, hélas ! ils répandent des pleurs.
  Grimace, etc.

LE DESSERT

CHANSON BACHIQUE

Disparaissez, on vous l'ordonne,
Rôtis pompeux, fins entremets ;
Ici Bacchus, Flore et Pomone
Doivent seuls régner désormais.
   On rit, on babille,
    Le cœur est ouvert,
    Et la gaîté brille
   Au moment du dessert.

Voyez, quand un dîner commence,
Souvent on ne se connaît pas,
Mais sans peine on fait connaissance ;
Et quand vient la fin de repas, On rit, etc.

A raisonner chacun s'applique,
Tous ensemble et non tour à tour ;
Tout haut on parle politique,
Et tout bas on parle d'amour. On rit, etc.

C'est du champagne qu'on apporte,
Chacun va dire sa chanson ;
On chante juste ou faux, n'importe !
Le plaisir est à l'unisson. On rit, etc.

Voyez cette jeune innocente,
Buvant de l'eau, ne disant mot ;
A ce vin mousseux qui la tente,
Elle cède, en boit, et bientôt Elle rit, etc.

Etrangère à la gourmandise,
Indifférente aux grands repas,
Lise, d'un peu de friandise,
En secret ne se défend pas. Elle rit, etc.

Dans un amoureux tête-à-tête,
Que cet instant est précieux !
Ah ! quelle ivresse ! ah ! quelle fête !
Qu'avec joie, en attendant mieux, On rit, etc.

Nous, qu'un joyeux délire excite,
Et dont Momus dicte les chants,
Mes bons amis, dînons bien vite,
Mais au dessert restons longtemps. On rit, etc.

LE
CONSCRIT TROUDADOUR

CHANSON

Paroles de

ARTHUR LAMY

AIR : *En revenant de Bougival en France.*
(Canotiers de la Seine).

Allons, conscrits, la France nous appelle,
    Ran, plan, plan,   *(bis.)*
    Plan, plan !
Il faut partir, à la gloire fidèle,
    Pied gauche en avant !
    Ran, plan, plan, plan, plan, plan !

Au régiment l'on dit que l'on se forme,
    Ran, plan, plan,   *(bis.)*
    Plan, plan !
Car le beau sexe adore l'uniforme,
    Allons-y gaîment !
    Ran, plan, plan, plan, plan, plan !

Avec mon air et ma rouge moustache,
    Ran, plan, plan,   *(bis.)*
    Plan, plan !

Mon nez coquet, mes ch'veux couleur queu' d' vache
J' veux être un volcan,
Ran, plan, plan, plan, plan, plan!

Adieu, maman, adieu, tante Suzanne,
Ran, plan, plan,   (bis.)
Plan, plan!
Adieu, papa, prenez soin de mon âne
Comm' de votre enfant,
Ran, plan, plan, plan, plan, plan!

Adieu, Françoise, à moi pense, ma chère,
Ran, plan, plan,   (bis.)
Plan, plan!
Si tout entier je reviens de la guerre
J' t'épouse dans sept ans,
Ran, plan, plan, plan, plan, plan!

Il faut, vois-tu, qu' l'homme apprenn' le service,
Ran, plan, plan,   (bis.)
Plan, plan!
En revenant j' t'apprendrai l'exercice
D' la charge en douz' temps,
Ran, plan, plan, plan, plan, plan!

On r'vient sergent si la chance vous guide,
Ran, plan, plan,   (bis.)
Plan, plan!
Mais, quelquefois, on revient invalide,
Tout clopin-clopant,
Ran, plan, plan, plan, plan, plan!

Le tambour bat, faut nous quitter bien vite,
Ran, plan, plan,   (bis.)
Plan, plan!
Et si je meurs, j' te l'écrirai tout d' suite
Militairement,
Ran, plan, plan, plan, plan, plan!

Paris, **A. Huré**, éditeur et seul propriétaire,
rue Dauphine, 44, près le pont Neuf.

LE BARBIER CAMPAGNARD

SAVONNETTE COMIQUE NORMANDE

Paroles et musique de Charles LETELLIER

La Musique se trouve chez A. HURÉ, libraire-éditeur, à Paris, rue du Petit-Carreau, 14.

Barbier de mon état, en tous lieux à la rond',
Je passe pour avoir
Autant de fil que mon rasoir;
Aussi dans mon logis je reçois tant de monde,
Que chacun à son tour
Fait antichambre dans ma cour;
Tous les gros bavardages,
Tous les fins caquetages
Qui jettent les ménages dans le trouble et l'émoi,
Les rixes, les querelles,
Les histoir's nouvelles,
Fausses ou réelles, se papillot'nt chez moi.

(*Parlé.*) Ma boutique! c'est la gazette, el moniteur, el journal des *débats* du village... Aites-vo curieux? v'nais déposai votre menton dans mes mains... le coup d' langue marche avec el coup d' peigne; j' vo montrerai mes pratiques amusantes, au milieu d'un nuage de poudre odorante, d'un flot de mousse brillante et d'eune source d'eau bouillante, avec z'un cuir à la main... Tenais! pour qu'mençai... voici z'un d' mes clients... messieu Bien-Aimé, el fils du percepteur, qui n' l'est pas, l'y, bien aimé des contribuables... Ce jeune Narcisse aime à droite, à gauche; les brunes, les blondes, les grandes, les petites, les maigres, les grasses, tout l'y convient... Son ardeur pour le sesque est telle, qu'il aimerait jusqu'à sa femme, si n' n'avait eune... Ce friponneau a un front superbe, et dimanche dernier il a ben montrai san toupet... C'était le jour de l'Axecension, i rencontre eune femme aveugle qui vendait du plaisir... Ah! quel plaisir! I la prend par l' bras, et sous la couleur d' la conduire sus la grand' place pour y vindre sa marchandise, à càause qu' c'était fête, i la mène à l'église, au mélieu de l'office.— Vo v'là arrivai! l'y dit-y t'en la quittant. Stella, el craiyant de bonne foi, s' mit à criai :—Voilà l' plaisir, mesdames, voilà l' plaisir! Voyez-vo l'effet qu' ça fait? Les paroissiens, l' bedeau, les enfants d' chœur et l' curai itou... sont partis à rire aux éclats tertous... Hein! qué qu' vo dites d' ma pratique?

Album du Gai chanteur.   4e vol., 69e liv.

Ah ! la bonne histoire pour rire
C'est ainsi qu' faut savoir en dire
Quand on fait le métier,
Le métier de barbier,
Quand on fait le métier,
Crick ! crick !
Quand on fait le métier,
Crick ! crick !
Quand on fait le métier,
Le métier de barbier.

Si vo volais m' prêter eune oreille écouteuse,
J' vo dirai des caquets
Sur un tas de petits secrets ;
Par exempl', j' vo dirai qu'Hortense la brodeuse,
L'autr' soir ceule, à la nuit,
Est entrai dans l' clos à Mauduit.
Maintenant c'te fillette
Port' chain' d'or, coilerette,
Souliers fins, chemisette et p'tit bonnet mouté ;
Pour gagnai cette aisance,
Ce lux', cette opulence,
J' vo dirai pas c' qu'Hortense a pardu d' san côté.

(Parlé.) J' vo l' dirai pas, et pourtant j' pourrais vo l' dire... sans indiscrétion, car la mère Dumouchel, ma voisine, sait l'aventure... et c' qu' est su d'eune femme, vo savais... Mais j'aperçois messieu Anthénodore, le rejeton d' notre maire, ci gros marchand d' bois... C'est z'un espiègle, suilà ; pas l' père, qu'est z'une bûche ; non, el fieu, un jeune baliveau d' quinze ans... I vient ichite s' faire grattai el dessus des lèvres, à la place où l' poil doit lui poussai, passe qu'il est z'impatient d'avoir sous l' nez du bois taillis... En attendant, i va t'à l'école, où qu'il apprend à comptai... Il est déjà fort su la division ; i s' bat tous les jours aveuc ses camarades... En v'là oco eune bonne pièche !... L'autre semaine, il aborde un paysan sus la route, et i l'y dit en l'y parlant : —Bonjou, messieu ! — Bonjou, messieu. — Ça vo va ben, messieu ? — Comme vo véyais, messieu. — Et votre femme ? — Ma femme ! — Et votre fille ? — Ma fille ! — Et votre garchon ? — Man garchon ! — C'est étonnant comme vo faites l'étonnai !—Y a d' quoi, j' n'ai ni femme, ni fille, ni garchon. —Vo n'avais pas d' femme ? —Pas d' femme ! —Ni d' fille ? —Ni d' fille ! —Ni d' garchon ? —Je l' suis !—Comment ! vo n' vo nommais donc pas Pancrace ? —Non ! —Pancrace-Onésiphore Destournelles ? —Non ! —Pancrace-Onésiphore Destournelles, bourrelier, à l'enseigne du *Sanglier sans poil ?* —Non ! —Pancrace-Onésiphore Destournelles, bourrelier, à l'enseigne du *Sanglier sans poil,* qu' a épousai Scholastique Marcas-

sin, l'aînée à Pierre Lahure? — Non! — Ah ben! excusais! vo l'y r'ssemblaie... Qué qu' vo dites d' ma pratique? (*Au refrain.*)

  Grimaud, le marchand d' vin, avait fait dans sa cave
   Descendre huit seaux d'eau
   Pour allonger du vin nouveau.
  Témoin de ce mélange, afin d'y mettre entrave,
   Sans m' vantai d' ça, morbleu!
   Je m'ai mis à crier : Au feu!
    A ce cri de détresse,
    Chacun aveuc vitesse
  Accourt, descend, se presse dans la cav' du fraudeur;
   Mais jugeai de la rage
   Du marchand pris en cage :
  L'eau, l' vin et son visage en ont changé de couleur.

(*Parlé.*) Le Grimaud était d'une colère d'âne rouge! mais, chut! quand no parle du loup no en vait... le museau... Le v'là! i vient s' faire rajeuni, ç'est san jour de barbe... — Salut, maître Grimaud, ça va ben? — Pas mal, et vo? — Marci!... Ah! mon bon Dieur! quoi qu' vo z'avais donc à la face, vo z'avais l'œil au beurre noir, aveuc eune raie... qui vo coupe la figure en zigzag? — (*Grimaud, bégayant.*) Ah! n' m'en pa... pa...arlais point, qui dit; vo co...onaissais l' père Mar...artin sec?... c'est v'nu d' ly... Je y avais vendu vingt pa...pa...aniers d' raisin, y a d' ça trois moàs; i d'vait v'ni payai lun...undi; mais lun...undi pas, mar... ardi vient pas, mer...ercredi pas davantage; j'y vas jeu...eudi, je l' trouve qui ra...ramassait des preunes dans sa cour... de mirabelles. Me répond lun...undi, lun...undi me répond sa...amedi, sa...amedi me répond lun...undi, lun...undi dernier me répond des na...avets!... Ah!... cré vingt noms de noms! quand j'ai vu cha, les sens m'ont mon...montai... j' te yai envaiyai un coup d' pied dans sa bon...bonnière... qu'il en a été cinq mi...mi...inutes à pas pouvoir prendre son vent... Mais en r'vanche i m'a j'taie un pa...anier qu'il tenait dans le phi...isique plein d'gnons, dont j'ai reçu un coup de l'anse par le nez... — Un coup de lance! que j' dis; où qu'il avait donc pris eune lance? — Mais non, qui r'dit, un coup de l'anse du pa...pa...anier. Mais... (*vivement*) cré vingt noms de noms! j'ai des té...té...émoins, j' vas l'assinai et l' condamner à des do...do...omages si gros pour ses na...avets, qu'il en gé...gémira, jau...jaunira, mai...maigrira, pé...périra comme un rat, et voilà... Hein, qué qu' vo dites d' ma pratique? (*Au refrain.*)

LE CHEVALIER DE BARBANÇON
CHANSONNETTE
Paroles de Arthur Lamy

Air : *Je loge au quatrième étage*, ou Air : *Ça ne se peut pas.*

Il était plus d'un avantage,
Au temps des bons droits féodaux,
Dont les seigneurs faisaient usage
Pour le bonheur de leurs vassaux. (*bis.*)
S'il en fût un plein de finesse,
Dit un chroniqueur en renom,
C'est l'impôt qu'établit en Bresse } *bis.*
Le chevalier de Barbançon.

Lorsque passait sur son domaine
Jeune fillette au frais minois,
Que souvent le plaisir entraîne,
Qui de l'amour suivait les lois, (*bis.*)
Il fallait qu'alors la petite
Allât, sans réclamation,
Payer quatre deniers bien vite } *bis.*
Au chevalier de Barbançon.

Quatre deniers, allez-vous dire,
Ce n'est là qu'un droit fort petit ;
Mais, moi, je trouve que le sire
Devait en tirer grand profit. (*bis.*)
Dans le pays, toute amourette
Payant même imposition,
On enflait souvent la cassette } *bis.*
Du chevalier de Barbançon.

De crainte que par quelques belles
L'usage ne fût oublié,
Le seigneur guettait toutes celles
Qui n'avaient pas encore payé, (*bis.*)
Se glissant partout en cachette
Que de choses il vit, dit-on ;
Il n'était vraiment pas si bête } *bis.*
Le chevalier de Barbançon.

Chez nous, si l'on voyait les filles
Pour un faux pas payer encor,
Les Françaises sont si gentilles
Qu'elles grossiraient le trésor. (*bis.*)
Pour moi, content de mon salaire,
J'aurais bientôt plus d'un million,
Si dans Paris je pouvais faire } *bis.*
Le chevalier de Barbançon.

MES BEAUX JOURS
SONT PASSÉS

AIR : *Viens, belle nuit.*

Près du torrent, au bas de la colline
Où le sapin sourdement frissonnait,
A ce moment où la lune décline,
A deux genoux une femme priait.
Elle disait : Ma demeure est déserte,
Pour un ingrat mes jours sont délaissés.
Priez, priez sur ma tombe entr'ouverte,
Car, je le sens, mes beaux jours sont passés !

Pourtant à lui j'ai donné, pauvre fille,
Mon anneau d'or, mon cœur et mes vingt ans !
Maudite, hélas ! je n'ai plus de famille,
Je ne dois plus voir renaître un printemps !
Malgré les fleurs, le ciel bleu, l'herbe verte,
Seule, j'attends l'heure des trépassés !
Priez, priez sur ma tombe entr'ouverte,
Car, je le sens, mes beaux jours sont passés !

Mais quelle voix a frappé mon oreille ?
C'est lui, mon Dieu, qui revient près de moi !
Je suis heureuse à nulle autre pareille,
Et désormais plus de pleurs ni d'effroi !
Puisqu'à ma main la sienne s'est offerte,
Ces mots cruels déjà sont effacés :
« Priez, priez sur ma tombe entr'ouverte,
» Car, je le sens, mes beaux jours sont passés. »

MARC CONSTANTIN.

LA REINE DU BAL

CHANSONNETTE

Paroles de **Hipp.** **Audeval**. Musique de **J. Potharst**

La Musique se trouve chez A. HURÉ, libraire-éditeur, à Paris,
rue du Petit-Carreau, 14.

La voyez-vous vive et légère,
Comme un fantôme éblouissant?
Sa bouche, à la fois tendre et fière,
Vous jette un sourire en passant.
    Chacun l'admire,
    Chacun soupire,
    On suit ses pas,
    On dit tout bas :
Ah! oui, de la danse c'est la reine;
Notre charmante souveraine
A des fleurs pour bandeau royal;
    C'est la reine du bal.
    Tra la la la la,   (*bis.*)
    C'est la reine du bal;
    Tra la la la la,   (*bis.*)
    C'est la reine du bal.

Qu'elle est jolie et gracieuse,
Auprès de sa brillante cour,
Quand elle écoute, dédaigneuse,
De frivoles propos d'amour!
    Qu'elle est ardente
    Et frémissante,
    Quand son pied blanc
    Fuit en valsant!
    Ah! oui, de la, etc.

Reine, quel est votre caprice?
Faut-il, ma beauté, dites-nous,
Me battre pour votre service,
Ou bien tomber à vos genoux?
    L'amour m'énivre,
    Et je veux vivre
    Pour vous chérir...
    Ou bien mourir!
    Ah! oui, de la, etc.

MAMSELL' FRANÇOISE

PARODIE

Paroles de

ARTHUR LAMY

Musique de

A. LAGARD.

La Musique se trouve chez **A. HURE**, libraire-éditeur, à Paris, rue du Petit-Carreau, 14.

REFRAIN.

J'étais heureux, mamzell' Françoise,
Quand vot' regard vint m'incendier;
Éteignez-moi, méchante sournoise,
De mon amour soyez l' pompier,
   Mamzell' Françoi..oi..oi..oi..se.

J' sais bien qu' vous riez d' mon amour,
Avec moi vous faites la fière;
Pourtant, à vos pieds, chaque jour,
Je pose, ô belle cuisinière !
Comm' je n'ai point été z'au feu,
    J'attends encore
    Qu'on me décore,
Soyez, mamzell', mon cordon bleu,
Oh! donnez-moi le cordon bleu.
   J'étais heureux, etc.

Au corps, dont j'étais l'ornement,
De m'écouter on s' faisait fête ;
Et maintenant, dans l' régiment,
J' pass' pour une huître, pour un' bête.
J'étais l' plus fringant caporal ;
  Mais, plus personne,
  Je m' cornichonne.
J' deviens à mettr' dans un bocal,
On pourrait m' mettr' dans un bocal.
  J'étais heureux, etc.

J' sais bien que le tambour-major
Vous plaît et qu' vous l' trouvez bel homme ;
Sa cann' vous paraît un trésor
Et vous en convoitez la pomme.
Moi, j' n'ai pas d' cann', mais, ô hasard !
  Voyez ma peine,
  Soyez la mienne,
Et je serai votre canard,
Oui, je s'rai vot' petit canard.
  J'étais heureux, etc.

J' vois bien qu' je n' vous donn' pas dans l'œil,
Un autr', plus que moi, z'a su vous plaire,
C'est peu flatteur pour mon orgueil ;
Mais, pour m' venger, bell' cuisinière,
Chez les Chinois de Ka-ka-o,
  N' sachant plus qu' faire,
  J' vais fair' la guerre ;
J' mang'rai mêm' ceux d' la mèr' Moreau,
Gare aux chinois d' la mèr' Moreau

J'irai m' périr, mamzell' Françoise,
Loin du r'gard qui sut m'incendier,
Puisque de mon cœur, gross' sournoise.
Vous n' voulez pas être l' pompier,
Mamzell' Françoi..oi..oi..oi..oi..oi..se.

CANOTIER ET CANOTIÈRE

DUO AQUATIQUE

Paroles de **Arthur Lamy**. Musique de **Ch. Pourny**

La Musique se trouve chez **A. HURÉ**, libraire-éditeur, à Paris,
rue du Petit-Carreau, 14.

LE CANOTIER.

Ho hissa ho ! Frisette, ma Frisette,
Mets ta vareuse et prends ton air cancan,
C'est aujourd'hui, sur l'eau, brillante fête,
Joûtes, régates, et tout le bataclan ;
Des équipiers de la belle *Flaneuse*,
Moi, le patron, je veux être vainqueur,
Et souveraine, ô Frisette ! mon cœur,
Tu règneras sur la flotte joyeuse.

FRISETTE.

Mais écoutons dans le lointain,
Des canotiers c'est le refrain.

Ensemble :

Ohé houp ! ohé houp ! ohé ! ohé ! ohé !
La-i-tou tra la la la la la.   (*4 fois.*)
Ah !
Vive la vie
Et la folie !
Vive l'omelette et le fin goujon frit,
La matelotte
Et la gib'lotte !
Vive la gaîté qui donne l'appétit !

FRISETTE

Sur un canot, vive la promenade!
Je veux chanter, fumer comme un flambard,
Et dans la Seine, ainsi qu'une naïade,
Faire ma coupe en style un peu chicard.
Au loin chassons les superbes manières,
Les froids plaisirs des dames du grand ton;
Si la gaité s'endort dans un salon,
Elle s'éveille avec les canotières.

LE CANOTIER

Chut! écoutons dans le lointain,
Des canotiers c'est le refrain.

Ensemble :

Ohé houp! ohé houp! ohé, etc.

LE CANOTIER.

Pour qu'aujourd'hui la fête soit complète,
Toute la nuit danses et festival.

FRISETTE.

Bravo! car lorsqu'on a piqué sa tête,
Vive le punch et l'avant-deux... moral!
Vive le petit bleu couleur de rose!

LE CANOTIER.

Mais dépêchons, Frisette, mon amour,
Quand au plaisir tout invite en ce jour;
Ah! que la vie est une bonne chose.

Ensemble.

Alerte, alerte! il faut partir,
J'entends les signaux retentir.
Ohé houp! ohé houp! ohé, etc.

LE
BONHEUR MÉCONNU

Paroles de
Feu Gustave LEROY et Joseph ÉVRARD

Air : *De la mère Picard.*

Dans ce bas monde où la sottise est reine,
Un peu d'esprit, c'est un bienfait du ciel ;
Pourquoi laisser dans sa coupe trop pleine
Ce riche don qu'on tient de l'Eternel?...
Intelligence, esprit, raison, sagesse,
Tout disparaît dès qu'on devient buveur.
Vous qui perdez la raison dans l'ivresse,
Vous ne connaissez pas votre bonheur !

Pourquoi rougir, pauvre mère coupable,
Du fils qu'un jour l'abandon t'a donné?
Crois-tu laver ton passé regrettable
En délaissant un faible nouveau-né ;
Ce fils vieilli serait pour ton automne,
Femme, un soutien que chérirait ton cœur !
Vous qui niez l'enfant que Dieu vous donne,
Vous ne connaissez pas votre bonheur !

Voyez passer dans ce riche équipage
Ce fat blasé qui s'ennuie à loisir ;
Il a de l'or, pourtant sur son passage
Le chagrin seul est prompt à l'assaillir.
Avec de l'or on peut, heureux sans cesse,
Du sort du pauvre apaiser la rigueur...
Vous qui bâillez au sein de la richesse,
Vous ne connaissez pas votre bonheur !

« Ah ! si j'étais jeune et vaillant encore, »
Disait un brave à ses quatre-vingts ans...
« Sous les beaux plis du drapeau tricolore,
La gloire encore enivrerait mes sens !
Hardi soutien d'une cause chérie
J'ai, dans Fleurus, trouvé mon champ d'honneur »
Vous qui pourriez mourir pour la patrie,
Vous ne connaissez pas votre bonheur !

Dieu le permet ! dans ce monde éphémère,
Combien d'heureux ! mais que de parias !...
Combien de cœurs usés par la misère !
Que d'opulents, que de tristes grabats !
Vous qui, toujours au sein de l'indigence
N'avez trouvé que misère et douleur,
Lorsque la mort est votre délivrance,
Vous ne connaissez pas votre bonheur !

ÉCRIRE FRANCO

A. HURÉ, libraire-éditeur, à Paris
14, RUE DU PETIT-CARREAU, 14.

Maison spéciale pour toutes les Publications en Musique petit format, à **20, 25, 40, 50** et **60** centimes net

Commissions pour la province

Éditeur de la collection populaire

LES SUCCÈS

Cette collection renferme le choix le plus varié de Romances, Chansons, Chansonnettes, Scènes comiques et Duos. **525** livraisons sont en vente.

PRIX DE LA LIVRAISON : **20** cent., RENDUE FRANCO

Le Catalogue de cette collection sera adressé *franco* aux personnes qui en feront la demande par lettre affranchie.

Paris Typ. Beaulé, rue Jacq. de Brosse, 10

LE LUTIN D'ARGENT

CHANSONNETTE

Paroles et musique de

ÉMILE DURAFOUR

La Musique se trouve chez **A. HURÉ**, libraire-éditeur, à Paris,
rue Dauphine, 44, près le pont Neuf.

Qui fait la paix, qui fait la guerre.
Qui fait le bonheur sur la terre,
Qui nous fait aimer tendrement,
Qui fait le bon et le méchant?
Le petit lutin d'argent,
Le petit lutin d'argent,
Le petit lutin charmant,
Le petit lutin d'argent!

Les amis sont de joyeux diables
Qui se disent bons, serviables;
Vous avez leur attachement
Tant que chez vous sera présent
Le petit lutin, etc.

Album du Gai chanteur.   4e vol. 70e Livraison.

Qui donne l'esprit au plus bête,
Qui fait tourner plus d'une tête,
　Qui fait d'un sot l'homme important ?
　C'est qu'en son gousset l'on entend
　　Le petit lutin, etc.

Qui fait sourire la coquette,
Qui lui donne riche toilette,
　Qui lui donne un beau logement,
　Qui paye son rouge et son blanc ?
　　Le petit lutin, etc.

Qui donne le pain aux familles,
Qui séduit les honnêtes filles,
　Qui fait que l'on meurt indigent
　Loin d'un ami, loin d'un parent ?
　　Le petit lutin, etc.

Qui fait que dans plus d'un ménage
La femme gronde et fait tapage ?
　C'est que le mari, par trop franc,
　Au cabaret mange souvent
　　Le petit lutin, etc.

Ayez bonne ou mauvaise mine,
Soyez d'Angleterre ou de Chine,
　Parlez français, grec, allemand,
　N'importe, en tous lieux on comprend
　　Le petit lutin, etc.

L'ESTIME ET L'AMITIÉ

MÉLODIE

AIR : *Marguerite, fermez les yeux.*

C'était quand mai fleurit ; loin du pays de France,
Quand l'hymen apprêtait sa palme d'oranger,
Une femme, ou plutôt un ange au front qui pense,
Me dit, comme Rachel : Ne sois plus étranger !
Et lorsque j'admirais son sourire céleste,
Ma raison disait : Pars ! quand mon cœur disait : Reste !
Hélas ! si ce bonheur dura trop peu de jours,
L'estime et l'amitié devront durer toujours !

Sa voix, il m'en souvient, séduisante harmonie,
Me semblait un rayon qui descendait des cieux !
Son nom était si doux, sa taille si jolie !
Elle avait un cœur d'or, que reflétaient ses yeux !
Et l'on aimait à voir sa grâce prévenante
Comme on aime la rose et sa grâce entraînante !
Hélas ! si ce bonheur dura trop peu de jours,
L'estime et l'amitié devront durer toujours !

Ah ! qu'il est bon de voir arriver sur la terre
L'ange qu'on doit aimer d'un amour fraternel !
Puis, la main dans sa main, tous deux avec mystère,
Traverser cette vie en regardant le ciel !
Mais moi, triste exilé dans une autre patrie,
Je vis des souvenirs qu'a laissés mon amie !
Hélas ! si ce bonheur dura trop peu de jours,
L'estime et l'amitié devront durer toujours !

MARC CONSTANTIN.

LES HOMMES

C'EST PAS GRAND' CHOSE

Paroles de **Arthur LAMY**

AIR : *Et pourtant je ne suis pas dévote.*

Que viens-tu me compter, hélas !
Quoi, tu veux t' marier, ma pauvr' nièce.
Es-tu trop heureuse ici-bas?
Quelle est l'anguille qui te blesse?
Je sais bien que le conjungo
A ton âge est couleur de rose,
Et l'innocence est un fardeau.
Mais un mari!... Dieu! quel fléau;
Les homm's, vois-tu, c'est pas grand' chose. (*bis.*)

Si l'on voulait croire un amant,
Tout s'rait beau dans le mariage;
Mais je t'en parle savamment,
Ça n' dur' que trois mois, c'est l'usage.
L' premier on vous dit : mon trésor;
L' second, ma poule, je suppose,
Et le troisième, le butor,
Vous dit : bonsoir... et puis... s'endort.
Les homm's, vois-tu, c'est pas grand' chose. (*bis.*)

Vois donc, ma chèr' , quel agrément
Si l'on tombe sur un ivrogne ;
Du travail on a le tourment,
Et lui mange toute la b'sogne.

Pendant qu' monsieur, au cabaret,
De liquid' se pousse une dose,
La pauvre femm' sans flageolet,
Chez elle, danse d' vant l' buffet.
Les homm' s, vois-tu, c'est pas grand' chose. *(bis.)*

Surtout n' prends pas un libertin,
C'est comme les chats en gouttières ;
Y t' plant' rait là jusqu'au matin,
Toi pleurnichant les nuits entières.
Puis, un invisible ornement
Sur ton front amaigri se pose,
Y en a plus que d' jours dans un an,
Et ça va toujours en croissant.
Les homm' s, vois-tu, c'est pas grand' chose. *(bis.)*

C' qui m' fait rager, c'est qu' les gueusards,
Près d'aut' s femm' s, sans délicatesse,
Se permettent tous les écarts,
Et ne nous pass' nt aucune faiblesse ;
C'est au point qu' si, d'un beau garçon,
On accepte un rien... une rose,
Le mari, sans plus de façon,
Pif! paf! vous cogne le melon...
Les homm' s, vois-tu, c'est pas grand' chose. *(bis.)*

Enfin, quand t'aurais douze enfants,
Douze ou quatorze, j'imagine,
Tu pleurerais sur ton printemps,
Il vaut mieux coiffer saint' Cath'rine.
Vieille fill' n'est pas, entre nous,
Tant à plaindre, quoiqu'on en glose ;
Si d' ta mèr' le souvenir est doux,
Fais comme elle, n' prends pas d'époux,
Les homm's, vois-tu, c'est pas grand' chose,
Les hommes, c'est des pas grand' chose.

ADIEU, SÉVILLE

BARCAROLLE

Paroles de Arthur Lamy; musique de A. Lagard.

La Musique se trouve chez **A. HURÉ**, libraire-éditeur, à Paris,
rue Dauphine, 44, près le pont Neuf.

Adieu ! Séville,
Riant palais,
Je fuis l'asile
Que tu m'offrais ;
Mon cœur palpite,
Joli ciel bleu,
Quand je te quitte.
Adieu ! adieu !
Ha ! ha ! ha ! ha ! (4 fois.)

Que j'aimais ta brise légère,
Lorsque, dans les jours printaniers,
Tes parfums enivraient la terre
Dans tes grands bois de citronniers.
   Adieu ! Séville, etc.

J'aimais tes douces sérénades
Qui dans la nuit font tressaillir,
Et mes nocturnes promenades
Sur les bords du Guadalquivir.
   Adieu ! Séville, etc.

Pauvre exilé, j'aimais encore,
Quand arrivait la fin du jour,
Assis sous le vieux sycomore,
Rêver de patrie et d'amour.
   Adieu ! Séville, etc.

Adieu ! filles d'Andalousie,
Au cœur brûlant, aux noirs cheveux,
Votre image, toujours chérie,
Me poursuivra sous d'autres cieux.
   Adieu ! Séville, etc.

C'EST L' MÉTIER QUI VEUT ÇA

Air du *Dieu des bonnes gens* (Béranger)

Tous les métiers n' sont pas facil's à faire :
Au jour de l'an c'est l' refrain d' mon portier,
Quand i' s' présente à chaque locataire
Pour les étrenn's et l' montant du loyer.
R'gardez mes pieds, m' dit hier ce triste être,
J' suis, comm' Pip'let, cordonnier d' mon état ;
Hé bien ! monsieur, j' n'ai qu' des savat's à mettre, } *bis.*
    C'est l' métier qui veut ça.   (*bis.*)

Dans son printemps, la vieille Pétronille
Chassait tous ceux qui voulaient l'épouser.
Sur son été, la trop sévère fille
N'eut plus, hélas ! personne à repousser.
Enfin, c't hiver, un charr'tier d' chez Domange,
En habit noir et gants blancs, l'épousa ;
Si son mari n' sent pas la fleur d'orange,
    C'est l' métier, etc.

Le grand Fendant ne rêvait que carnage ;
Tout l' mond' disait : Faut qu' ça fasse un guerrier.
Ça n' rata pas. Sitôt qu'il fut en âge,
Au Val-de-Grâce il se fit infirmier ;
Or, un jeudi qu' j'entrais l' voir à c't hospice,
L' numéro trois pour un besoin l'app'la.
Pardon ! qui m' dit, faut que j' fass' mon service,
    C'est l' métier, etc.

Deux avocats, l'un pour et l'autre contre,
Au plaidoyer sont comme chien et chat.
Quand c'est fini, l'un d'eux tire sa montre :
Les badauds croient qu'il s'agit d'un combat ;
Mais pas du tout, v'là leurs bras qui s'enlacent,
Ils rient ensemble et vont faire un gala ;
Après l'audience on en voit qui s'embrassent,
    C'est l' métier, etc.

Défiez-vous des voleurs et des femmes,
Vous qui flânez dans Paris vers le soir ;
Craignez surtout les œillades d' ces dames
Qui vont heurtant les passants su' l' trottoir.
Robe à volants et bonnet de grisette,
Manchon, bas blanc, teint rouge et *cœtera*...
Vous pouvez dire, en voyant c'te toilette,
    C'est l' métier, etc.

Un charbonnier prétend aimer Hortense,
Un plâtrier pour elle est tout brûlant.
Les deux amants sont mis dans la balance :
L'homme *en foncé* l'emporte sur le blanc.
Maint'nant, c't' enfant, qui n'a pas c' qu'ell' désire,
Voit tout en noir avec son charabia.
Quand ell' s'en plaint, il a l' toupet d' lui dire :
    C'est l' métier qui veut ça.

ÉMILE CARRÉ.

LE TAMBOUR DE LA GARDE
Air : *Pandore.*

Notre armée était en campagne,
L'Empereur était au bivouac : (rataplan)
Soudain, l'enthousiasme gagne
Comme le feu prend au tabac ;
Son aspect enchantait la troupe.
C'était la veille d'un grand jour :
Du soldat il mangea la soupe,   } *bis.*
Et sa table était mon tambour.

Le lendemain, grande bataille,
Au point du jour nous combattions ;
Par les boulets et la mitraille
S'entre-choquaient les nations.
Les Français, enfants de la gloire,
Furent couronnés en ce jour ;
Dans nos rangs on vit la victoire   } *bis.*
S'avancer au son du tambour.

Austerlitz, tu fus pour la France
Un jour à jamais glorieux,
L'aigle du nord, sous sa puissance,
Courba son front audacieux.
Ils voulaient, dans leur rage impie,
Nous asservir à notre tour :
Chargés par nous avec furie,   } *bis.*
Ils fuyaient au son du tambour.

Plus tard, dans leur jalouse haine,
Honteux d'un triomphe si beau,
Exilant le grand capitaine,
Ils changèrent notre drapeau.
Ils raillaient, ô douleur amère !
Ce chef, objet de notre amour.
Je leur dis : Cœurs félons, arrière !   } *bis.*
D'Austerlitz je suis le tambour.

Hélas ! je dus battre en retraite.
Notre aigle, enchaîné sur un sol
Où la mer menaçait sa tête,
Ne put continuer son vol.
Quand du rocher de Sainte-Hélène
Notre héros fut de retour,
Bien vieux et marchant avec peine   } *bis.*
Je battais encor mon tambour.

HENRI TURENNE.

COMME ON SE MONTE
LE COUP

Air du : *Doigt dans l'œil.*

Des hommes je vais narrer
Et l'artifice et la ruse,
Et par là vous démontrer
Que l'un souvent l'autre abuse.
  Ah! ah! l'on verra
  Comme on se monte,   (*bis.*)
  Ah! ah! l'on verra
Comme on se monte le coup, c'est ça.

Voyez d'abord : ce milord
Est aimé, la chose est sûre;
Mais ce n'est pas pour son or,
(Du moins il se le figure.)
  Ah! ah! oui voilà
  Comme on se monte,   (*bis.*)
  Ah! ah! oui voilà
Comme on se monte le coup, c'est ça.

Pour un rat de l'Opéra
Se ruine ce jeune Alceste;
Mais en retour il aura
Tout son amour (s'il en reste.)
  Ah! ah! oui voilà
  Comme on se, etc.

A chaque instant ce gandin
Se regarde dans la glace;

Dieu! le joli muscadin,
Dit-on aussi quand il passe.
 Ah! ah! oui voilà, etc.

Voyez-vous ce freluquet,
Voltigeant de femme en femme;
Son cœur, qui bat du briquet,
Comme un brasier s'enflamme.
 Ah! ah! oui voilà, etc.

Telle femme a dans le jour
Beaux cheveux, belle denture,
Qui perd le soir, tour à tour,
Ses dents et sa chevelure.
 Ah! ah! oui voilà, etc.

Telle autre a soin de porter,
Le jour de son mariage,
Un frais bouquet d'oranger;
Cela prouve qu'elle est sage.
 Ah! ah! oui voilà, etc.

Chez tous les marchands de vin
L'on nous vend, chose certaine,
Du gros bleu, ce jus divin,
Mêlé de jus de fontaine.
 Ah! ah! oui voilà, etc.

Il n'est pas jusqu'à l'auteur,
Messieurs, de la chansonnette,
Voir même jusqu'au chanteur,
Qui n' se monte un peu la tête.
 Ah! ah! c'est charmant
 Comme on se monte, (bis.)
 Ah! ah! c'est charmant
Comme on se monte le coup vraiment.
            PRUDENCE.

DANS LES
GARDES FRANÇAISES
CHANSON DE VADÉ

Dans les gardes françaises
J'avais un amoureux,
Fringant, chaud comme braise,
Jeune, beau, vigoureux.
Mais, de la colonelle
C'est le plus scélérat,
Pour une péronnelle
Le gueux m'a planté là.

Il avait la semaine
Deux fois du linge blanc,
Et comme un capitaine
La toquante d'argent,
Le fin bas d'écarlate
A côtes de melon,
Et toujours de ma patte
Frisé comme un bichon.

Pour sa dévergondée,
Sa Madelon Friquet,
De pleurs, tout inondée,
J'ai rempli mon baquet;
Je suis abandonnée,
Mais, ce n'est pas le pis,
Ma fille de journée
Est sa femme de nuit.

Une petite rente,
D'un monsieur le bienfait,
Mon coulant, ma branlante
Tout est au berniquet;
Il retournait mes poches
Sans me laisser un sou,
Ce n'est pas par reproches,
Mais il me mangeait tout.

La nuit, quand je sommeille,
Je pense à mon coquin,
Mais le plaisir m'éveille
Tenant mon traversin;
La chance est bien tournée,
A présent, c'est Catin
Qui suce la dragée,
Et moi le chicotin.

De ta lame tranchante,
Perce mon tendre cœur,
Fais périr ton amante,
Ou rends-lui le bonheur;
Le passé n'est qu'un songe.
Une fichaise, un rien,
J'y passerai l'éponge,
Viens, rentre dans ton bien.

ÉCRIRE FRANCO

A. HURÉ, libraire-éditeur, à PARIS

RUE DAUPHINE, 44, PRÈS LE PONT NEUF

Maison spéciale pour toutes les Publications en Musique petit format, à **20, 25, 40, 50** et **60** centimes net

Commissions pour la province

Éditeur de la collection populaire

LES SUCCÈS

Cette collection renferme le choix le plus varié de Romances, Chansons, Chansonnettes, Scènes comiques et Duos. **525** livraisons sont en vente.

PRIX DE LA LIVRAISON : **20 cent.**, RENDUE FRANCO

Le Catalogue de cette collection sera adressé *franco* aux personnes qui en feront la demande par lettre affranchie.

Paris. Typ. Beaulé, rue Jacq. de Brosse, 10

UN MONSIEUR TIMIDE

AVEU COMIQUE

Paroles d'A. JOLY. Musique de J. COUPLET

La Musique se trouve chez **A. HURÉ**, libraire-éditeur, à Paris,
rue Dauphine, 44, près le pont Neuf.

(Le chanteur arrive un morceau de musique à la main, le piano joue un air du Pré aux-Clercs, le chanteur commence le morceau.) Ce soir j'arrive donc dans cette... *(Il s'arrête interdit et cherche en vain la suite du morceau.)* Allons bon! allons bien! j'étais sûr que ça m'arriverait; un air que j'étudie depuis trois ans, je vous demande mille pardons, mesdames et messieurs, mais...

REFRAIN.

Je suis timide,
C'est insipide!
C'est trop stupide!
Hélas! hélas! hélas!
Vous tous qui m'écoutez,
Ne me regardez pas,
Car vous m'intimidez,
Oui, oui, vous m'intimidez.

Album du Gai chanteur.   4e vol. 74e Livraison.

Je suis un être sauvage,
Je devrais rester chez moi ;
Dès qu'un homme m'envisage,
Je deviens pâle d'effroi.

(*Parlé.*) Quant aux femmes, c'est tout le contraire ; dès qu'une dame me regarde, je rougis comme une tomate dans sa maturation... ma face se colore de l'incarnat de la pudeur outragée... Et pourtant je ne les déteste pas les femmes. Oh non !... au contraire ! les blondes surtout, avec leurs cheveux blonds... ni les brunes, avec leurs cheveux bruns... j'en rêve toutes les nuits (des femmes et quels rêves !... Oh ! oh ! oh ! *(Au public)* Messieurs, je ne suis pas plus laid qu'un autre, j'ai la beauté du diable, un nez coquet, des manières nobles et distinguées ; dès que je me trouve seul, je suis spirituel comme un rédacteur du *Figaro*... Enfin je pourrais faire mes frais comme un autre, mais... (*Au refrain.*)

Quand je rends une visite,
Je sonne bien doucement,
Et me sauve vite, vite,
Au fond de mon logement.

(*Parlé.*) Dernièrement on m'invite à passer la soirée chez une parente éloignée, très-éloignée, à Chaillot... Arrivé à la porte, au deuxième étage, je reste pendant vingt minutes, la patte de biche dans... la mienne... j'attrape un rhume de cerveau épouvantable. Atchi !... atchou !... *(Il éternue plusieurs fois.)* J'éternuais à ébranler le Panthéon... Atchum !... atchit !... (*Il éternue.*) Je suis trahi. (*Avec émotion.*) On vient, on va ouvrir, on rira de moi... plutôt la mort !... J'ouvre une fenêtre... je m'élance, et tombe la tête la première... dans une voiture de choux fleurs... J'avais le front bosselé comme une vieille marmite. (*Au refrain.*)

Le sang me monte à la tête
Dès qu'on veut m'interroger.
On dit tout bas : Qu'il est bête !
Je ne peux pas me changer.

(Parlé.) Hier, j'entre dans un restaurant à vingt-six sous, le garçon m'apporte une purée aux croûtons très-claire (je me mirais dedans). On me regardait... j'avale coup sur coup plusieurs cuillerées ; je me brûle jusques aux os, et j'envoie mon bol dans la poitrine d'un monsieur chauve qui luttait contre un bifteack. Ce vieillard, furieux, me saute à la cravate, on nous sépare, j'étais violet. Ce matin, le rageur chauve et moi nous nous trouvions flanqués de quatre témoins dans un endroit peu fréquenté ; j'avais choisi le pistolet... nous nous plaçons. Mon adversaire m'ajuste : Pif!... je porte la main à mon oreille, il en manque un morceau... je n'étais plus un homme, j'étais un chacal ! A mon tour... j'ajuste lentement... les témoins me regardent, je me trouble : Paf!... ma balle va frapper... dans la poitrine un infortuné... canard qui barbottait non loin de là. *(Dramatiquement.)* J'entends encore le malheureux dire d'un accent qui n'appartient qu'à ces volailles : KOUIN!... KOUIN!... KOUIN!... C'était le chant du Cygne!.. — Voilà, Messieurs, où vous entraîne la timidité : j'ai lâchement assassiné un innocent qui grignottait un morceau de gruyère. *(Avec douleur.)* Pauvre ami ! du moins je t'ai donné une sépulture digne de toi. *(Il place la main sur sa poitrine.)* Tu reposes là !... là !... avec des navets de Freneuse ! *(Au refrain.)*

LE VIEUX MÉNÉTRIER

QUADRILLE CHANTANT

Paroles de

ARTHUR LAMY

N° 1. — Pantalon.

Accourez, filles, garçons,
C'est la fête du village,
Venez danser sous l'ombrage
Au refrain de mes chansons.
Enfants, ma musette — Ne peut plus vous charmer
Mais ma chansonnette — Va vous faire danser.
Accourez, filles, garçons,
C'est la fête du village,
Venez danser sous l'ombrage
Au refrain de mes chansons.
Chers enfants, — Allons, allons, en place,
A mes chants — Que soudain on s'enlace.
Accourez, filles, garçons,
C'est la fête du village,
Venez danser sous l'ombrage
Au refrain de mes chansons.

N° 2. — Été.

A ma voix qui vous invite,
Elancez-vous, sautez vite
Et sachez par un refrain — Narguer le destin.
Arrière la sagesse, — Il faut se divertir,
Et que l'allégresse — Vienne doubler votre plaisir.
Livrez-vous au plaisir;
A ma voix qui vous invite,
Elancez-vous, sautez vite,
Et sachez par un refrain — Narguer le destin.

N° 3. — Poule.

La danse est un plaisir charmant,
    Aimable folie !
Bannissons les maux de la vie
    Et passons-la gaiment.
De la jeunesse — Les jours sont courts,
Pleins d'allégresse, — Chantons toujours.
La danse est un plaisir charmant,
    Aimable folie !
Bannissons les maux de la vie
    Et passons-la gaiment.
Ici, jamais d'ennuis, — De peine, de douleur,
Narguons les noirs soucis — Et répétons en chœur :
  La danse est un plaisir charmant,
    Aimable folie !
  Bannissons les maux de la **vie**
    Et passons-la gaiment.

N° 4. — Pastourelle.

Mais le plaisir — Est un oiseau frivole ;
Il faut, quand il s'envole, — Le retenir.
Sous les ormeaux, sous les vertes charmilles,
    Dansez, charmantes filles,
   Et vous aussi, jeunes garçons.
     La nuit est pure,
     Et la nature
   Sourit à vos accents.
  Enfants, usez bien votre temps,
Car le plaisir — Est un oiseau frivole ;
Il faut, quand il s'envole, — Le retenir.

N° 5. — Galop.

 Tra la la, tra la la, tra la la,
   Tra la la, tra la la.
Narguant les sots et leur morale austère,
De cette vie embellissons le cours ;
Vive les chants et la danse légère,
En avant ! en avant ! redisons toujours :
  Tra la la, tra la la, tra la la,
    Tra la la, tra la la.

Cette chansonnette contient les cinq figures d'un quadrille, qu'on peut facilement faire danser en la chantant.

DONNEZ AU PAUVRE

ROMANCE

Paroles de **Arthur Lamy**; musique de **A. Lagard**.

La Musique se trouve chez **A. HURÉ**, libraire-éditeur, à Paris, rue Dauphine, 44, près le pont Neuf.

Déjà l'hiver au lugubre cortége
Sur nos pays étend son voile blanc;
La pauvreté, sous la glace et la neige,
Jette vers vous un regard suppliant.
Riches, songez, du sein de l'opulence,
Au malheureux qui n'a ni feu ni lieu...
Ah! par pitié, soulagez l'indigence,   } bis.
Qui donne au pauvre, ici bas prête à Dieu. }

N'oubliez pas, dans vos brillantes fêtes,
Troupe joyeuse, avide de plaisir,
Qu'il est souvent, au-dessus de vos têtes,
Dans un grenier des larmes à tarir.
Plus d'un vieillard, accablé de souffrance,
Sans feu, sans pain, meurt en ce triste lieu;
Ah! par pitié, soulagez l'indigence,   } bis.
Qui donne au pauvre, ici-bas prête à Dieu. }

Quand le chômage arrive en la fabrique,
Quand le travail déserte l'atelier,
N'attendez pas la pénible supplique
De l'ouvrier, trop fier pour mendier;
Car, dévorant ses larmes en silence,
De sa misère il gardera l'aveu.
Ah! par pitié, soulagez l'indigence,   } bis.
Qui donne au pauvre, ici-bas prête à Dieu. }

Mais quand le pauvre, en son humble prière,
Fait retentir ses accents douloureux,
Chez nous, Français, la voix de la misère
Trouve en tous cœurs un écho généreux.
L'humanité, symbole de la France,
Pour le malheur brûle d'un tendre feu;
Ah! par pitié, soulagez l'indigence,   } bis.
Qui donne au pauvre, ici-bas prête à Dieu. }

LE JEUNE
ET LE VIEUX

Air connu.

J'ai deux amants, en vérité,
Ce n'est pas trop pour une femme,
Lorsque l'amour, la vanité
Tour à tour contente son âme.
Le plus jeune paie en amour;
Et le vieux fournit en finances;
Et chez moi l'on voit chaque jour
Le sentiment et la dépense.

    Ce n'est pas mon vieux,
  Mon vieux que je préfère,
    Ce n'est pas mon vieux
    Que j'aime le mieux.
    Ce n'est pas mon vieux,
  Mais comment donc faire?
    Il paie si bien,   } *bis.*
Qu'on ne peut lui refuser rien.

Le plus jeune de mes amis,
Quand j'étais simple couturière,
Faisait effort tous les lundis
De payer le cidre ou la bière;
Mais à présent, quel changement !
Quand je reçois ce bon apôtre,

Je lui sers généreusement
Les bons morceaux qu'a payés l'autre.
    Ce n'est pas, etc.

Parfois, dans mes moments d'humeur,
Je lis un roman qu'on renomme,
Là, je vois des femmes de cœur
Se conserver pour un seul homme ;
Je pleure d'attendrissement,
Et malgré moi je les admire ;
Mais par malheur le sentiment
Ne fait pas porter cachemire.
    Ce n'est pas, etc.

Un soir, je venais d'abriter
Celui que j'aime avec tendresse,
J'entends monter, souffler, tousser,
C'était mon vieux, quelle détresse !
Allons, vite, mon cher petit,
Dis-je à mon jeune, en vain tu fumes ;
Tu vas t'allonger sous le lit,
Et souviens-toi, si tu t'enrhumes,
    Que ce n'est pas, etc.

Si mon vieux vient à découvrir
Que j'ai deux intrigues pour une,
Et puis qu'il me donne à choisir
Entre l'amour et la fortune,
Pour celui qui m'est en horreur
Et qui m'accable de parure,
Je laisserai l'ami du cœur,
Et cependant, je vous le jure,
    Ce n'est pas, etc.

IL EST TROP TARD

LE BUREAU Z'EST FERMÉ

PARODIE

Paroles de **PRUDENCE**

Chantée par M. LUCIEN au café-concert de l'Eldorado

La musique chez A. HURÉ, libraire éditeur, rue Dauphine, 44.

Lorsque, toqué par votre grande bouche
Et fasciné par vos petits yeux roux,
Qu'il en est même un des deux, j' crois, qui louche,
Je vous disais : Je vous aim' ben, et vous?
Vous m' répondiez, en m' donnant un' taloche :
Vous n'êt's, mon cher, point assez bien formé ;
V'là qu'aujourd'hui vous cherchez mon approche, } *bis.*
Il est trop tard, le bureau z'est fermé.

Toute un' saison, comme un pauvre caniche,
Faute d' mamours, j'espérais du nanan ;
Vous r'gardiez ben quelquefois dans ma niche,
Mais pour me dir' : Zut! mon bon, v'là du flan !
C'en était trop ; dans ma désespérance,
J'en jaunissais comme un jambon fumé ;
Mais aujourd'hui je redeviens garance, } *bis.*
Car aujourd'hui le bureau z'est fermé.

Et maintenant vous me tendez la bouche
Et vous dardez sur moi vos p'tits yeux roux,
Qu'il en est mêm' toujours un, j' crois, qui louche,
Puis-j' dire encor : Je vous aim' ben, et vous?
Non, non, ma foi, ce serait un' bêtise,
Par vos yeux roux je ne suis plus charmé ;
L'amour, pour vous, il est mort, ma payse, } *bis.*
Il est trop tard... le bureau z'est fermé.

LES BIENS DE LA VIE

CHANSON
Par Henri TURENNE

AIR : *Dansez au son de la musette,*
Dansez au son du tambourin.

De Dieu la sagesse infinie,
Pour nous consoler de souffrir,
Nous donna des biens dans la vie
Dont nous devons savoir jouir.
Pour fuir la tristesse profonde,
Au travail ayons donc recours.
Chantons ce qui charme le monde, } *bis.*
Bacchus, la gloire et les amours. }

Les beaux arts, enfants de la gloire,
Nous offrent aussi des lauriers.
Assez le char de la victoire
Fut teint du sang de nos guerriers.
La liberté, qui tout féconde,
Devra nous inspirer toujours
Chantons ce qui charme le monde, } *bis.*
Bacchus, la gloire et les amours. }

La paix enfin est revenue,
Et la moisson charme nos yeux.
Les coteaux offrent à ma vue
La vigne au fruit délicieux.
Sur cette table où tout abonde,
Que sa liqueur coule toujours.
Chantons ce qui charme le monde, } *bis.*
Bacchus, la gloire et les amours. }

Posséder le cœur d'une amie
Est, je crois, un bonheur divin ;
Douce compagne de la vie,
Elle en embellit le chemin.
Qu'elle soit châtain, brune ou blonde,
Elle nous donne d'heureux jours.
Chantons ce qui charme le monde, } *bis.*
Bacchus, la gloire et les amours. }

FRISETTE

Air de la *Petite Margot*.

De ma Frisette,
Fraîche grisette,
En quelques mots je vais vous esquisser
La folle vie
Et puis l'envie
Qu'elle a toujours de la bien dépenser.

Fêtant l'amour, mais pour l'amour lui-même,
Bien loin d'en faire un métier clandestin,
Pour être libre elle loge au sixième,
Dans un hôtel sis au quartier Latin;
Dans sa mansarde
Où Phœbus darde
Ses premiers feux en signe de bonjour,
A la déesse
De la jeunesse
Nous consacrons de longues nuits d'amour.

Quand le soleil vient réchauffer la terre,
Vous la voyez, simplement en jupon,
De sa fenêtre arroser le parterre
En fredonnant un refrain de Dupont.
La pâquerette,
Simple et discrète,
Voilà la fleur que son cœur adopta;
Et de son ombre
Le souci sombre
Dans son réduit jamais ne l'attrista.

Au chant du coq, quand l'horizon se dore,
Ouvre les yeux le pauvre paysan;
De ma Frisette, au lever de l'aurore,
La douce voix éveille l'artisan.
Et dans l'espace,
Si son chant passe,
Avec succès il aide à propager
Les gais adages
De nos grands sages
Nommés Debraux, Panard et Béranger

Voyez pâlir la prude mijaurée
Quand un cigare exhale son encens;
Elle, non pas, sa pipe bien bourrée
De son parfum magnétise nos sens.
  Si le champagne
  De ma compagne
Vient, par hasard, déranger la raison,
  De notre maître
  Je vois renaître
L'inimitable et charmante Lison.

Pendant six jours, laborieuse, habile,
Elle travaille à nous tresser des fleurs,
Et le dimanche, en allant à Mabille,
En son chemin elle sèche des pleurs.
  Là, reine encore,
  De Terpsichore
Elle exécute aisément tous les pas;
  Et de la danse,
  Quand la cadence
L'énivre, amis, elle est riche d'appas.

Puis tous les deux, quand l'orchestre termine
Son joyeux bruit, nous gagnons les bosquets;
Dans ces doux lieux où chacun s'achemine,
Combien l'amour effeuilla de bouquets...
  Mais minuit sonne,
  Et la friponne
En me tirant dit : « Vite dépêchons ! »
  Et dans sa chambre,
  Où jamais l'ambre
Ne l'entêta, gaîment nous nous couchons.

Le vœu qu'au ciel chaque soir elle adresse
Est de pouvoir, lorsque je serai vieux,
Etre encor là pour me veiller sans cesse,
Et puis mourir en me fermant les yeux.
  De ma Frisette,
  Fraîche grisette,
En quelques mots je viens de retracer
  La folle vie
  Et puis l'envie
Qu'elle a toujours de la bien dépenser.

ALEXIS BADOU.

Paris, A. HURÉ, libraire-éditeur, rue Dauphine, 44

Paris, Imprimerie BEAULE, rue Jacques de Brosse, 10.

LA POUSSIÈRE

CHANSON

Paroles de

ARTHUR LAMY

Musique de

CHARLES POURNY

La Musique se trouve chez **A. HURÉ**, libraire-éditeur, à Paris,
rue Dauphine, 44, près le pont Neuf.

De la poussière,
Sur cette terre,
Pour réussir le moyen est heureux;
Car la poussière,
Comme naguère,
Sait aujourd'hui nous éblouir les yeux.

Le Tout-Puissant, ayant créé le monde,
De la poussière tira l'homme un jour;
Depuis ce temps, sur la machine ronde,
Que fait ici-bas le monde à son tour?
De la poussière, etc.

Album du Gai chanteur.   4e vol. 72e Livraison.

Aux yeux du monde on grandit sa richesse
Pour éclipser ses voisins, ses rivaux ;
On veut briller ; mais, quand vient la détresse,
Que reste-t-il de ces vains oripeaux ?
    De la poussière, etc.

Que sont, hélas ! ces pompeuses réclames
Dont nos marchands inondent tous quartiers ?
Qu'est-ce que la vertu de maintes dames
Et le poivre de certains épiciers ?
    De la poussière, etc.

Certains auteurs, fabricants de gazettes,
Parlant : Venise, Italie et Siam,
Ne font-ils pas, débitant leurs sornettes,
Ce que dans l'été fait le macadam ?
    De la poussière, etc.

De mon portier, la fille Caroline
A ses parents laisse tout balayer ;
Mais en revanche, avec sa crinoline,
Que fait-elle souvent dans l'escalier ?
    De la poussière, etc.

Mangeant gaîment son trop faible héritage,
On voit souvent un élégant dandy
Faire, au moyen d'un fringant équipage,
Sur le chemin qui conduit à Clichy,
    De la poussière, etc.

Amis, cessons les haines, les colères ;
Pourquoi de sang inonder les chemins ?
Devant la mort, où les hommes sont frères,
Que deviennent titres et parchemins ?
    De la poussière, etc.

TAISEZ-VOUS DONC
MONSIEUR MON CŒUR

CHANSONNETTE

Paroles d'Adolphe Joly. Musique de **Victor Robillard**

La Musique se trouve chez **A. HURÉ**, libraire-éditeur, à Paris,
rue Dauphine, 44, près le pont Neuf.

Monsieur mon cœur souvent bavarde,
Je répète en vain tous les jours :
Taisez-vous ! sinon, prenez garde !...
Le fripon jacasse toujours.
Urbain vient-il à ma fenêtre,
Soudain un organe enchanteur
Me dit tout bas : Il va paraître !
Taisez-vous donc, monsieur mon cœur.   (bis.)

Mais, ajoute cette voix tendre,
Regarde donc comme il est bien,
C'est là le mari qu'il faut prendre :
Vas-tu répondre qu'il n'a rien ?
Pour toi je connais sa tendresse,
Gage sincère du bonheur ;
Contentement passe richesse :
Taisez-vous donc, monsieur mon cœur.   (bis.)

J'hésite fort au fond de l'âme,
Car maître Jean, le gros fermier,
Un veuf de sa troisième femme,
Voudrait encor se marier.
Il me recherche... je l'évite
Et pourtant ce serait flatteur.
Prends Urbain, vite, vite, vite !
Taisez-vous donc, monsieur mon cœur.   (bis.)

Non, non je ne veux pas me taire,
Crois-tu donc me faire la loi ?
Ne vous mettez pas en colère,
J'obéis !... Tu fais bien, ma foi !
Je prends votre Urbain que j'abhorre !
Que je déteste .. Ah ! quel malheur !
Oh ! tu mens ! ton front se colore,
Taisez-vous donc, monsieur mon cœur.   (bis.)

RONDE ÉPICURIENNE

Par PRUDENCE

Air de la Ronde bachique chantée dans

MA NIÈCE ET MON OURS

Amis, pour bannir la tristesse,
Buvons, rions de tout, surtout,
 Tout, tout, tout, tout *(bis)*,
Et chantons l'amour et l'ivresse ;
Oui, pour éloigner le chagrin,
Que faut-il ? Un verre de vin,
 Plein, plein, plein, plein *(bis)*,
Accompagné d'un gai refrain. *(bis.)*

Buvons donc, rions donc et narguons
 Caron et sa barque ;
Oui buvons, oui rions, oui narguons la barque à Caron.
Buvons, chantons, au son *(ter)* du glou glou des flacons,
 Chantons !

Auriez-vous même, je suppose,
Tout le guignon qu'eût le dieu Pan,
 Pan, pan, pan, pan (*bis*),
Seriez-vous malade ou morose,
Rien n'est plus doux, plus souverain
Que le vin, ce nectar divin,
 Tin, tin, tin, tin (*bis*).
Le vin vous mettra vite en train. (*bis*.)
  Buvons donc, etc.

N'ayez pas auprès d'une femme
L'air d'un froid et triste galant,
 Lent, lent, lent, lent (*bis*),
Qu'aussitôt votre cœur s'enflamme,
Et par un faux pas Cupidon
Vous fera choir sur le gazon,
 Zon, zon, zon, zon (*bis*).
Et puis, au diable la raison ! (*bis*.)
  Buvons donc, etc.

Jouissons bien de la jeunesse.
Que regrette l'épicurien ?
 Rien, rien, rien, rien (*bis*).
Laissons donc aux vieux la sagesse,
Et faisons la guerre aux époux,
Et surtout aux époux jaloux ;
 Cou, cou, cou, cou (*bis*),
Oui, que les jaloux le soient tous. (*bis*.)
Buvons donc, rions donc et narguons
 Caron et sa barque ;
Oui buvons, oui rions, oui narguons la barque à Caron.
Buvons, chantons au son (*ter*) du glou glou des flacons,
  Chantons.

LA NOCE DE MA SŒUR

AIR : *De l'amour du roi.*

Autour de moi, quoi! tout sommeille encore,
Pourquoi dormir quand le soleil reluit?
Seule, en ce lieu, j'ai vu naître l'aurore,
Et je comptais les heures de la nuit.
Ah! quel ennui! dans mon impatience
Comme du jour j'accusais la lenteur!
Il brille enfin ce moment d'espérance : } *bis.*
C'est aujourd'hui la noce de ma sœur.

O jour chéri, que Lisa sera belle,
Son front paré du bandeau virginal!
Hier, j'ai mis son voile de dentelle,
Hélas! vraiment, il ne m'allait pas mal.
Mon tour viendra d'être la mariée,
Chacun fera des vœux pour mon bonheur;
Mais je le vois, je suis presque oubliée :
C'est aujourd'hui la noce de ma sœur.

Voilà mes gants, mon écharpe soyeuse,
Ma robe blanche et ses nœuds de ruban ;
Dans mes cheveux, cette rose épineuse,
Au bal, fera un effet ravissant.
En attendant, répétons à l'avance
Ce pas charmant qui partout fait fureur.
Il faut, ce soir, que je brille à la danse :
C'est aujourd'hui la noce de ma sœur.

Ma tendre sœur, toi si belle et si bonne,
Qui fus pour moi l'exemple des vertus,
Il est donc vrai, ce soir, tu m'abandonne,
A mon réveil, je ne te verrai plus?
Tu vas quitter ton hameau, ta prairie
Où tu goûtas la douce paix du cœur.
Pour ton bonheur en ce moment je prie : } *bis.*
C'est aujourd'hui la noce de ma sœur.

LA TABATIÈRE

CHANSON

Par L. BOURDELON.

Air des *Coquilles*.

Jusqu'à ce jour on a chanté
La bonne pipe et le cigare;
Chose qui m'a bien étonné,
Et que je trouve encor bizarre,
C'est de voir toujours des fumeurs,
De mine taciturne et fière,
Ne pas comprendre le bonheur,
Et ne jamais croire aux douceurs
Que procure la tabatière.   (*bis.*)

Oui, pour dissiper maint ennui,
Oui, chaque chose a bien ses charmes :
Une grande pipe séduit,
Et parfois fait verser des larmes.
Il n'existe pas de plaisir
Qui soit parfait dans sa manière,
Et pour savoir vivre à loisir,
Je crois, ma foi, qu'il faut choisir
La pipe ou bien la tabatière.   (*bis.*)

Quand l'écrivain, tout absorbé
D'un labeur qui lui fend la tête,
Après avoir cherché, compté,
Ne trouve pas la chose nette,

Le voilà se creusant l'esprit ;
Bientôt se ferme sa paupière,
Tout à coup, s'arrêtant, il dit :
Ce que je cherche le voici :
Il rattrape sa tabatière.   (bis.)

De grand papa le regard fin,
Auprès de gentille brunette,
D'un geste ou d'un discours malin
Cherche encor à conter fleurette.
Malgré tout son propos flatteur,
Le cœur de la belle est de pierre
Si grand papa, par sa douceur,
Ne va vers elle avec ardeur
Lui présenter sa tabatière.   (bis.)

La pipe a plus d'un agrément :
Odeur, fumée et culotage ;
Tandis que l'autre assurément
N'en a qu'un seul pour tout partage.
Parfois vous voyez un fumeur,.
Possédant estomac de pierre,
Renoncer et dire en sondeur :
Je crois, ma foi, que le priseur
Doit préférer la tabatière.   (bis.)

Pour finir enfin mon sujet
Qui commence à être bizarre,
Ne croyez pas que mon projet
Soit de blâmer pipe ou cigare.
Si parfois j'ai fait ressortir
Défauts ou vérité très-claire,
Je crois alors pouvoir finir,
Ou sans quoi je vais m'endormir
Sur la pipe ou la tabatière.   (bis.)

LE BON CURÉ
CHANSON
Paroles de **Henri TURENNE**

Air : *Le vrai Momusien.*

Mes bons amis, le ciel est sans nuage,
Rassemblez-vous, c'est ma fête aujourd'hui.
Venez, venez près de moi sous l'ombrage,
Par nos refrains nous chasserons l'ennui.
Parlez, bon curé, nous aimons tous à vous entendre,
    Vos chants, vos discours,
    Croyez-le nous plairont toujours.

Que j'aime à voir cette table fleurie !
Puisqu'en ce jour nous nous réunissons,
Je vais, enfants, vous raconter ma vie ;
Consolez-moi, du moins, par vos chansons.
    Parlez, bon curé, etc.

J'avais vingt ans, quand je vis une belle,
Ange aux yeux bleus, belle comme le jour ;
Mon cœur gémit de sa perte cruelle,
Car je l'aimais du plus ardent amour.
    Parlez, bon curé, etc.

Je fus soldat, et contre la Russie
De mon pays je soutins le drapeau ;
Je combattis l'Autriche en Italie,
Et fus témoin du succès le plus beau.
    Parlez, bon curé, etc.

J'eus cette croix, mais, hélas ! mon amie
A mon retour avait fini son sort.
L'absence avait désenchanté sa vie,
Et la douleur avait causé sa mort.
    Parlez, bon curé, etc.

Dans un écrit que mon cœur me rappelle,
J'eus de sa main le plus pénible adieu ;
Votre pasteur ne vivant que pour elle
Ne put dès lors adorer que son Dieu.
    Parlez, bon curé, etc.

Chantez, dansez, vous que l'amour enflamme :
Votre amitié vient ranimer mon cœur.
Bons villageois, vous rendez à mon âme
Le souvenir de mes jours de bonheur.
Chantez, bon curé, nous aimons tous à vous entendre,
    Vos chants, vos discours,
    Croyez-le, nous plairont toujours.

NARCISSE CHANGÉ EN FLEUR

POT-POURRI

PAR N. BRAZIER

Imitation burlesque d'une métamorphose d'Ovide.

Air : *Toto Carabo.*

Il était un jeune homme
Qui n'avait pas d' pareil
   Sous l' soleil ;
Aussi fallait voir comme
En tous lieux on r'gardait
   Le cadet.
  Les homm's le mirant,
  Les femm's l'admirant,
Disaient en soupirant :
  « Mais voyez donc (*bis*)
» L' joli p'tit Cupidon. »

Air : *Il était une fille.*

Un' nymphe bien gentille,
Qu'on appelait *Echo*,
Tombe amoureus' de c' biau coco...
Mais Narciss', de cett' fille
Dédaignant les appas,
N' la r'gardait seul'ment pas,
   Ah !...

Air : *Il a voulu, il n'a pas pu.*

  Chacun jasait,
  Chacun disait,
En narguant cett' bergère :
  « Elle a voulu,
  » Elle n'a pas pu,
» Elle n'a pas pu lui plaire. »

Air : *Non, je ne ferai pas.*

Comme elle avait en haut queuqu' z'un de sa famille,
Tout l'Olymp' fut touché d' l'affront de c'te jeun' fille ;
Et pour mieux la venger d'un outrageant refus,
Les dieux ne disaient rien, mais... n'en pensaient pas plus.

Air : *Tonton, tontaine, tonton.*

V'là qu' Narcisse, tout hors d'haleine
D'avoir chassé dans le canton,
  Tonton, tonton,
   Tontaine,
   Tonton,
S' dit : « Depuis c' matin je m' promène,
» Buvons un coup, ça r'donn' du ton,
  » Tonton,
  » Tontaine,
  » Tonton. »

Air : *Sans mentir.*

Auprès d'une source pure,
Narciss' faisait l' damoiseau ;
V'là-t-il pas qu' par aventure
Il voit son visag' dans l'eau.
Soudain, sans y prendre garde,
Un p'tit frisson vient l' saisir,
Et mon drôle se regarde,
Disant avec un soupir :
  « Sans mentir,
  » Sans mentir,
» C'te figure-là m' fait plaisir. »

Air : *J'ai vu la meunière.*

Zeste, il s'élance sans trembler
 Dans c'te p'tit' rivière,
Et là, faut l' voir se contempler
 De plus d'un' manière.
Tantôt s' couchant, tantôt s' levant,
Se caressant, et se trouvant
 Bien beau par derrière,
 Plus beau par devant.

Air du *Lendemain.*

Bercé par un mensonge,
A peine est-il sorti d' l'eau,
Qu' vingt fois il s'y replonge
Pour s'admirer de nouveau.
Tout d' son long v'là qu'il se couche,
Il croit qu'il va s'embrasser,
Et l'eau lui vient à la bouche
 Rien qu' d'y penser.

Air du *Vaudeville de Petit Courrier*.

Le beau Narcisse, tout en feu,
En perd le r'pos, l' manger et l' boire;
Or, d'après ça, vous devez croire
Que l' métier l' fatiguait un peu.
Plus y s' trémouss', plus y s' démène,
Plus il brûle d'un feu nouveau;
Si bien qu'au bout de la semaine
On l' trouva desséché dans l'eau.

Air : *Chantons l'amour et le plaisir*.

Tous ses parents, dans les alarmes,
Criaient, s'arrachaient les cheveux;
On leur dit, qu' pour tarir leurs larmes,
Faut qu'ils aill't au séjour des dieux.
Crac, v'là qu' tout' sa famille y grimpe,
Et, par un décret de l'Olympe,
On changea le pauvre homme en fleur
Pour le remettre en bonne odeur.

Moralité.

Air du vaudeville des *Visitandines*.

Loin de prendr' la robe doctorale,
Messieurs, pendant que j' suis en train,
Si vous voulez un bout d' morale,
J' vous dirai, sans être ben malin : *(bis)*
« Qu'il vaut mieux, puisqu'il faut qu'on aime,
» Faire l'amour, c'est mon avis,
» Au tendron le plus laid d' Paris,
» Plutôt que d' se l' faire à soi-même. »

ÉCRIRE FRANCO

A. HURÉ, libraire-éditeur, à PARIS

RUE DAUPHINE, 44, PRÈS LE PONT NEUF

Seul propriétaire des chansons contenues dans l'**Album du Gai chanteur.**

(Reproduction complétement interdite.)

AU PAYS DU BERRY

RONDE

Air des *Épouseux du Berry*.

Au pays du Berry,
Toute fille sage
A pour rêve favori
D'avoir un mari.
A vingt ans,
Il est temps
D'entrer en ménage;
Et chaque fille, oui-dà,
Soupire déjà...
Ahé! ohé!
Au manteau d' la cheminée,
Un jour, trouvant un bouquet,
Ahé! ohé!
Elle dit: Je suis aimée!
Et rêve noce et banquet.
Ah!...
Puis, parmi tous
Les gars de son entourage,
La belle encourage
Qui doit faire un bon époux.
Ah! ah! ah! ah! ah! la belle encourage,
Ah! ah! ah! ah! ah! ah!
Qui s'ra bon époux.
Tra la la la, la la la, la la la la la,
Ah! ah! etc.

Au pays du Berry,
Le dimanche on danse,
Comme tout partout, oui-dà...
Ya pas d' mal à ça.
L'amoureux aguerri,
Plein de confiance,

Album du Gai chanteur.   4e vol. 73 liv.

A la belle offrant ses feux,
 Répond à ses vœux...
  Ahé! ohé!
Car la fille, peu cruelle,
A deviné le vainqueur,
  Ahé! ohé!
Qui la trouve la plus belle
Et doit lui donner son cœur.
  Ah!...
  Alors, en train,
Bras d'ssus dessous, garçon, fille,
 Vont à leur famille
Conter leurs projets d'hymen.
Ah! ah! ah! ah! ah! et chaque famille,
 Ah! ah! ah! ah! ah! ah!
  Y prête la main.
Tra la la la, etc.

Au pays du Berry,
 Quand on fait la noce,
Monsieur le curé, oui-dà,
 Et le mair' sont là
 Pour dir': Femme et mari,
 Donnez-vous un' bosse...
Car on ne sait pas, oui-dà,
 Si ça durera.
  Ahé! ohé!
Et malgré cet horoscope,
Triste pour le conjungo,
  Ahé! ohé!
D' plaisir on tombe en syncope,
Car on s'en donne à gogo.
  Ah!...
  Eh! allez-donc,
 Violons et cornemuse!
 On chante, on s'amuse,
 Et l'on pince un rigaudon.
Ah! ah! ah! ah! ah! Pour que l'on s'amuse,
 Ah! ah! ah! ah! ah! ah!
  Mariez-vous donc!
Tra la la la, etc.

JULES CHOUX.

LA FÊTE DE LA MADONE

Paroles de **Arthur Lamy.**

AIR : *Dans ma gondole sombre.*

Laissez-là vos faucilles
Et vos rudes travaux,
Revêtez, jeunes filles,
Vos habits les plus beaux.
De la sainte Madone
C'est la fête en ces lieux ;
Que chacun, tout joyeux,
Apporte sa couronne.
Par nos doux chants d'amour } *bis.*
Célébrons ce beau jour.

De blanches fleurs parées,
En ce jour solennel,
Charmantes fiancées,
Accourez à l'autel.
La Madone protége
Les tendres amoureux,
Et de jours bienheureux
Leur fait un long cortége.
Par nos doux chants d'amour } *bis.*
Célébrons ce beau jour.

Dans la verte prairie
Courez, petits enfants,
Et cueillez pour Marie
La blanche fleur des champs.
Les anges, sous le chaume,
Pour égayer vos jeux,
Quitteront, radieux,
Leur céleste royaume.
Par nos doux chants d'amour } *bis.*
Célébrons ce beau jour.

Pour fêter la patronne
De la terre et des cieux,
N'oublions pas l'aumône
Qu'on doit au malheureux.
A l'infortune en peine
Heureux qui donnera,
Le Seigneur lui dira :
Venez dans mon domaine.
Par nos doux chants d'amour } *bis.*
Célébrons ce beau jour.

LA CRINOLINE

CHANSON

Paroles de **Arthur LAMY**

Air : *Je suis né paillasse,* ou *Vive l'écu de France.*

Il faut chanter, toujours chanter
   Pour égayer la vie.
La chanson nous fait arriver
   A la philosophie.
   En toi j'ai recours,
   Viens à mon secours,
   O ma muse badine !
   Nargue du souci ;
   Car je veux ici
   Chanter la crinoline.

Quel progrès ! Chez les fabricants
   D'ornements pour les dames,
On fait des agréments charmants
   Prônés par cent réclames.
   On a des attraits,
   Des colifichets,
   Tournure et taille fine ;
   Le tout pour dix francs,
   Donnés aux marchands
   De jupons-crinoline.

Lise, voulant cacher le fruit
   D'un moment de faiblesse,
Dans une jupe s'introduit ;
   Aussi, par son adresse,

Chacun confondu
Croit à sa vertu.
La petite coquine !
Mais il faut la voir,
Quand elle a le soir
Oté sa crinoline.

Si quelque jour le beau Pâris,
  Connaisseur qu'on renomme,
Venait s'installer à Paris,
  Pour décerner sa pomme,
  Pour choisir, hélas !
  Dieu ! quel embarras !
  Et, pour moi, j'imagine
  Qu'il la mangerait,
  Bien sûr, s'il voyait
  Nos dam's sans crinoline.

Lorsqu'un matin par Actéon,
  Diane fut surprise
Prenant un bain sans caleçon,
  Sans peignoir ni chemise,
  Il n'eût pas été
  Métamorphosé
  En cerf, on le devine,
  Si notre beauté
  Eût au moins gardé
  Sa jupe en crinoline.

Grâce à ces énormes jupons,
  Dont la mode est commune,
Nos dames, comme des ballons,
  Vont grimper dans la lune.
  Moi, si je savais
  Qu'ell's n'en r'vienn'nt jamais,
  A ma femm' qui m' chagrine,
  Vendant mon butin,
  Je paierais demain
  Un jupon d' crinoline.

L'ABANDON

ROMANCE

Paroles de Lussimonne. Musique de Léon Corbelle.

La Musique se trouve chez **A. HURÉ**, libraire-éditeur, à Paris,
rue Dauphine, 44, près le pont Neuf.

Vous qui me repoussez, cruelle,
Et qui brisez mon tendre cœur,
Allez, partez, vous êtes belle,
Partez et trouvez le bonheur.
Mais votre image tant chérie
En moi vivra jusqu'au trépas.
Adieu! doux espoir de ma vie,
Adieu! adieu! ne me regrettez pas.

Quand vers le soir la brise folle
Soufflera dans vos blonds cheveux,
Souvenez-vous, ô mon idole,
Des jours où nous étions tous deux.
Ah! quelle ivresse, mon bel ange,
Quand le ciel pour nous s'entr'ouvrait;
J'étais heureux, et sans mélange
Toute ma vie en vous était.

Mais je le vois, l'âme navrée,
Vous me quittez et sans regrets;
J'irai, traînant ma destinée,
Pleurer un amour sans reflets.
Soyez heureuse et bien aimée,
Je le demande chaque jour;
Cette pauvre rose fanée
Me rappellera mon amour.

UNE SOIRÉE DE MAGNÉTISME

SCÈNE COMIQUE A DEUX VOIX

Paroles et Musique

d'Auguste BOULANGER

La Musique se trouve chez **A. HURÉ**, libraire-éditeur, à Paris,
rue Dauphine, 44, près le pont Neuf.

INTRODUCTION

Mesdames et Messieurs, jusqu'à présent, il s'est présenté des magnétiseurs qui se vantaient d'avoir la science infuse et qui promettaient la pierre philosophale. Eh bien! vous n'avez encore rien vu .. comparativement à mes expériences; je me nomme *Double-Fluide*, et suis le seul! j'ose le dire, qui jusqu'à ce jour *endorme* par *correspondance*, en moins d'une seconde, à l'état de *marmotte*. J'ai pour somnambule un jeune sujet *vivant* qui s'est échappé de la *rue des Morts*, et que j'ai heureusement *déterré rue du Cimetière*, et qui est d'une lucidité remarquable; vous allez le voir, car...

> Bien mieux que les oracles
> Du temps de Jupiter,
> J'opère des miracles,
> Et n'en suis pas plus fier.
> Ma parole d'honneur! (*bis*)
> Je n'en suis pas plus fier.
>
> Messieurs, vous voyez devant vous
> Un magnétiseur émérite,
> Et de mon éminent mérite
> Tous mes confrères sont jaloux.
>   Quoique modeste,
>   Je vous l'atteste,
> Dans cette science en renom,
> Mesmer, auprès de moi, n'était qu'un avorton.

Et c'est ce que je vais vous prouver. (*Il appelle*

NOTA. — Le rôle de Double-Fluide doit être interprété d'un air grave, celui de l'Éveillé est niais, rusé, et doit rester constamment sous l'influence de son maître.

l'Eveillé.) L'Eveillé! l'Eveillé! — (*Il arrive en se frottant les yeux.*) Me voilà. — Est-ce que tu dormais? — Non, monsieur, j'en ai bien assez dans l' jour; mais il n'y a rien de plus fatigant que de toujours dormir; ça m' renfonce tellement les yeux, qu'ils m'en sortent de la tête. — As-tu tout préparé pour notre grande soirée? — (*Se frottant les mains.*) Oui, monsieur; j'ai même acheté deux chandelles des huit... que j' dois à l'épicier... *coupées en seize...* pour éclairer l'escalier à la *Vénitienne.* La petite fille de la portière m'a dit qu'elle tiendrait le vestiaire sur le carré; j'ai même arrangé des cases pour *les chiens et les enfants.* — C'est très-bien; il faut que je m'occupe de ma correspondance. — Ah! dites donc, monsieur, pendant qu' nous sommes seuls, si vous vouliez me donner une petite leçon de *magnautisme?* — Je t'ai déjà dit magnétisme, *animal.* — Ah! oui... *animal...* je m'en souviendrai. — Va chercher ta *tête;* ce garçon-là me fera perdre la mienne. (*Il apporte une tête de bois fichée sur un pied, et fait des passes.*) On dirait que tu attrappes des mouches. Arrondis donc! Pas comme ça; tiens, regarde. On se dit d'abord : J'ai la volonté. (*Il se pose un doigt sur le front et fait des passes sur la tête. Avec humeur :*) Otes-toi donc de là, je vais te jeter le fluide dans les jambes. (*L'Eveillé se frotte les jambes d'un air effrayé.*) Ensuite tu fais des passes jusqu'à ce que ton sujet s'endorme, et l'on appelle cela, en terme *scientifique,* faire sa *tête.* — (*L'Eveillé, avec empressement, fait des passes.*) Ah! ben! je vais faire ma tête. — L'Eveillé, *tu fais ta tête, et tu as tort...* vas reporter la tienne. — Ah! dites donc, monsieur, vous savez bien, ce gros Anglais que vous avez l'habitude d'endormir... — Oui... eh bien? — Il est venu c' matin pour se faire éveiller. — Comment? — Oui! il paraît que vous étiez un peu pressé, car vous ne l'avez éveillé que d'un œil, ça fait qu'il est comme ça (*il ouvre un œil et ferme l'autre*)... — Quelle distraction! — Et puis, ce petit monsieur, qu'est si maigre, et que vous avez promis d'engraisser, viendra demain prendre sa première séance; il veut savoir si ça lui coûtera *cher.* — Ces choses-là n'ont pas de *prix.* — C'est peut-être pour ça qu'il veut faire le sien. — Je verrai à m'entendre avec ce gros *Anglais* qui veut se faire maigrir, et j'utiliserai sa graisse au profit de l'autre.. à moins que des *susceptibilités de nationalité* n'empêchent l'opération; et par ce moyen, je veux faire voir aux personnes qui ne sont pas *aveugles* que le magnétisme peut s'adapter à *tout...* à *tout...* — Comment, à *tout?* — Oui, à *tout.* — Encore une fois, et vous faites la *vole.* — Ça ne serait pour moi qu'un *jeu*, quand je pense que moi, *Double-Fluide*, j'ai déjà racheté *la vie à Saint-Maur*.. —(*D'un air étonné.*) Comment, monsieur, vous avez *ressuscité la vie à cinq morts?* — Je dis que j'ai racheté *la vie* à une personne de *Saint-Maur;* je ne dis pas que plus tard je n'y parviendrai pas... — Ça serait bien possible. — Et c'est là le but de tous mes efforts; le travail m'a blanchi les cheveux avant l'âge. Pour acquérir cette science, j'ai fait de grands sacrifices. Je me souviens qu'un jour, où j'en avais passé deux sans manger... — Vous deviez avoir fièrement soif. — J'étais au bout de mon rouleau, je me vis forcé d'en prendre à mes auteurs. — Quels auteurs? — J'ai fait une fricassée de *Corneille* qui, je m'en souviens, était aux *oiseaux;* j'ai acheté de l'eau avec la *Fontaine*, et j'ai mis *Racine au pot; je bouillais en écumant de colère.* — Vous avez dû boire un fameux *bouillon*. — C'était un *consommé*... de toutes mes ressources; mais maintenant, mon nom est tellement répandu, qu'on vient me consulter pour les objets perdus ou volés, car... (*Au refrain.*)

> Pour moi, vous allez en juger,
> Le firmament n'a pas de voiles,
> Et dans le pays des étoiles
> A mon gré je puis voyager.
> Veut-on connaître
> Par une lettre
> Le sort d'un habitant d'en haut?
> Je m'en charge et promets la réponse aussitôt.

L'Eveillé, le monde arrive, la salle est assez bien garnie, nous allons commencer. (*Il salue.*) Mesdames et Messieurs, je vais avoir l'honneur de vous donner une séance de magnétisme; je vous prie de remarquer la lucidité de mon sujet. (*Il lui pose la main sur la tête.*) Jusqu'à présent, mes confrères ont mis un bandeau sur les yeux de leurs somnambules; mais moi, bien plus fort, pour vous convaincre qu'il n'existe pas de charlatanisme et le mettre à même de *tout voir*, je ne lui en mettrai pas; mais à la place, je vais me servir (*il montre des lunettes*) de ces lunettes. Afin qu'il soit doué de la *double vue*, *je vais l'endormir tout éveillé*, et vous pourrez voir clairement, ainsi que lui, les objets que je lui présenterai, et qu'il devinera à la *première vue*, et qu'il nommera à la *seconde*. (*L'Eveillé fait résistance pour dormir; Double-Fluide le poursuit des gestes et du regard.*) L'Eveillé! dormir. — (*Il joint les mains d'un air suppliant.*) Non, pas dormir. — Ici, ici, couchez là, couchez là, là... (*Il prend du fluide dans ses poches et le jette à l'Eveillé, qui doit éternuer à chaque fois qu'il en reçoit, et tombe sur une chaise; il l'endort et lui met des lunettes.*) L'Eveillé, dormez-vous bien? — Oui, et d'un très-bon sommeil. — (*Au public.*) Vous le voyez, messieurs, je ne lui fais pas dire. Etes-vous bien disposé? serez-vous bien lucide? — Parfaitement. —(*Au public.*) Alors, tout nous promet une heureuse soirée. Je vais commencer par le rendre insensible, et lui introduire dans la tête des *broches en fer de dix centimètres*, et défierais la première personne venue de dire qu'il les *sentît mettre*. (*L'Eveillé doit faire un mouvement pour se lever; il faut le retenir avec du fluide.*) Je vais également lui passer des épingles dans le nez, ça entrera comme dans du *bois;* vous allez voir par là que mon sujet est tourné à *l'état de bûche*. (*Il lui passe des épingles.*) Remarquez son état d'*insensibilité*. — Vous m' piquez. — (*Il lui fait des passes.*) C'est impossible, vous ne devez rien sentir. — Bah! laissez donc, vous m' faites mal. — Il est mal disposé, je vais changer l'expérience et lui faire avaler *cinq clous*... et par la force de ma volonté, les transformer immédiatement en *cinq pierres;* je vous les ferai toucher, et vous verrez que c'est du *gros caillou* Mais je crois entendre dans la société des personnes qui trouvent que c'est un peu dur à *digérer*. Eh bien! messieurs, il y a cinq jours, il m'est arrivé, *rue de Paradis*, *cinq fiacres* remplis de monde qui ont donné *cinq louis*... pour voir cette merveille. Mais auparavant, je vais le faire voyager dans un pays *inconnu*. S'il se trouve ici des personnes qui *connaissent ce pays*, je les prie de remarquer avec quelle précision il va dépeindre le caractère, les mœurs, us et coutumes des *inconnus* de ce monde. L'Eveillé! voilà un ballon (*il lui fait des passes*), partez pour *la lune!* (*L'Eveillé paraît agité.*) Le voilà dans l'espace, suivez ses mouvements... Etes-vous arrivé? — Oui... je vois la lune, mon maître. — Comment est-elle? — Elle vient de s' mettre à table. Quel appétit! elle fait des *pluts nets*... le soleil s'avance vers elle d'un air *sombre*, la lune pâlit, craint d'attraper un *coup d' soleil* et s'*éclipse;* les nuages se promènent la canne à la main, les étoiles *filent* de la laine pour tricoter des bas à la Lune, qui s'est enrhumée en se *couchant* les pieds nus Ah! dites donc, monsieur, je vois l'eau et l' feu qui s' donnent une poignée d' main, et les *pôles* qui marchent sur *la tête* pour avoir trop bu de vin d' la comète. — Ils sont bien heureux d'en avoir conservé! Est-ce tout ce que vous voyez? — Oui! si ce n'est un méchant brouillard (*il tousse*) qui m' prend à la gorge et m'empêche d'avancer. — Hâtons-nous de le tirer de ce mauvais pas. (*Il lui fait des passes.*) L'Eveillé, qu'avez-vous fait de l'aérostat dans lequel vous êtes parti? — Ah! monsieur, ne m'en parlez pas, je me suis pris de dispute en descendant avec monsieur *Pot-de-vin*, qui a voulu me faire *boire un coup* en passant la Seine, et il m'a *enlevé l' ballon*. — Vous ne vous sentez pas de mal? — Non, mais je ne pourrai peut-être plus m'asseoir. — Tenez, messieurs, pour vous prouver que cette science est infaillible, je vais vous en donner une preuve. Si quelqu'un veut gagner les cent mille francs de la loterie de Toulouse, ils sont à sa disposition. Qu'est-ce qui veut gagner les cent mille francs? Vous, madame? je vais vous mettre en rapport avec mon somnambule. (*Il fait des passes pour le mettre en rapport avec la dame.*) L'Eveillé, êtes-vous bien en rapport avec madame? — Oui, le cœur lui bat. — Je le crois bien, cent mille francs! Combien faut-il que madame prenne de billets pour gagner le gros lot? — Un seul. — C'est juste, mais lequel? — Le premier numéro sortant. — Madame, veuillez le retenir, et votre fortune est faite. car... (*Au refrain.*)

> Pour retrouver mon chien perdu,
> A la faveur de mon fluide,
> Mon somnambule tout lucide
> En se grattant a répondu :
> Ce vieux caniche,
> Qui n'est pas chiche
> D'insectes toujours en émoi,
> En ce moment, bien sûr, est à deux pas de moi.

Effectivement, messieurs, il y était. — L'Eveillé, comment vous sentez-vous? — (*Il se frotte l'estomac.*) J'ai soif. — (*Double-Fluide, embarrassé*) Diable! il n'y a pas de vin ici. (*Il prend un verre d'eau qu'il magnétise. Au public.*) Vous allez voir ce qu'on peut faire avec la volonté. L'Eveillé, voilà un verre de vin, buvez! — (*L'Eveillé le rejette en faisant la grimace*) C'est d' l'eau, j' n'en bois pas. — Je n'y comprends plus rien; il faut qu'il soit contrarié. Alors, nous allons passer à l'exercice de la double vue. (*A l'Eveillé, à qui il montre une lettre.*) L'Eveillé, de qui est cette lettre? — C'est de votre propriétaire, qui vous annonce la visite de son huissier pour demain. — Ah! je suis saisi! — Pour les sept termes que vous lui devez. — C'est assez. — C'est bien ce qu'il dit. — L'Eveillé, c'est assez. Une autre fois, choisissez vos termes pour m'annoncer les miens. Voilà un incident sur lequel je ne comptais pas. (*Il change la lettre.*) Et maintenant, qu'est-ce que je tiens à la main? ne vous pressez pas, mettez-y le temps; voyez-vous ce que je vous montre? — Oui. — (*Au public.*) Vous allez voir comme il est étonnant. (*A l'Eveillé.*) Nommez ce que je tiens à la main? — C'est un *pâté*. — Ah! quelle *brioche!*

— Non, non, c'est une *boulette* que j' viens d' faire. — L'Eveillé, la scène *pâtit*. — *Pâtit pas tant*... — (*Avec humeur.*) Mais nous allons faire *four*, si tu continues, et je vais être forcé de te donner des *croquignolles* pour t'apprendre à *vivre*. — Vous êtes pourtant d'une bonne *pâte*. — (*Avec impatience.*) Voyons, qu'est-ce que je tiens à la main? (*Au public.*) C'est la première fois qu'il se trompe. (*Montrant la lettre à l'Eveillé.*) Ce que je vous dis est à la *lettre*. — (*L'Eveillé, vivement.*) C'en sont. — Voilà qui est fort de lucidité!... Que me dit cette lettre? (*Au public.*) Vous allez voir comme il est précis dans ses réponses. — Ouvrez-la, et vous verrez. — *C'est renversant* de justesse! (*Il fait un mouvement sur sa chaise.*) Prends garde de tomber. (*Il ouvre la lettre. Au public.*) Cette lettre m'est adressée de la province; c'est une jeune personne qui a fui la maison paternelle pour venir à Paris, et sa famille désire savoir ce qu'elle y fait. Il y a justement de ses cheveux. Cette lettre est signée du père et du grand père. Il paraît que c'est une *paire... de pères* dans une *mer* d'infortunes. (*Il donne la lettre à l'Eveillé, qui la frotte sur son estomac.*) L'Eveillé, de qui est cette lettre? — Si j'y vois bien *clair*, elle est de M. *l'Eclair*, marchand de vin à *Tonnerre*, rue du *Déluge*, à l'*Arc-en-ciel*, maison de M. *Noé*, près l'*Arche*. — Je connais ça. — Je vois même le *testament* par lequel il déshérite sa fille, rapport à la *passion*... qu'elle avait inspiré *au seigneur*... de l'endroit... qui voulait l'épouser... sans *alliance*... ce qui a rompu... *l'anneau* de leur destinée. — La voyez-vous? — Oui, c'est une grande et belle personne. — En arrivant à Paris, où a-t-elle logé? — D'abord rue des *Vertus*, où elle n'est restée que très-peu de temps; ensuite rue *Papillon*, rue de l'*Hirondelle*. — Il paraît qu'elle a *voltigé?* — Oui... rue du *Cœur volant*... elle a fait la connaissance d'un étudiant qui l'a conduite rue de la *Maternité*, où elle n'est restée que quelques jours... Immédiatement rue des *Marmousets*... Elle voulait aller rue du *Contrat-Social*, mais le jeune homme s'y est formellement opposé, et a préféré la rue du *Plaisir*... Ils allèrent rue *Vide-Gousset*... elle s'ennuya rue de la *Fidélité*, et vint rue des *Mauvaises-Paroles*... où elle reçut son congé pour la rue de la *Balançoire*... *Allée des Veuves*... et maintenant rue *Poupée*... où elle s'est mise en *maison* chez un vieux monsieur pour tout *faire*... — Vous le voyez, messieurs, cette science est infaillible. (*Il éveille son somnambule en lui mettant la main sur la tête.*) Mes expériences sont terminées pour ce soir, mais demain, nous ferons plus fort, car... (*Au refrain.*)

Paris, A. LURE, éditeur et seul propriétaire
rue Dauphine, 44, près le pont Neuf.

Paris. Typ. Beaulé, rue Jacq. de Brosse, 10.

RONDE DU CARNAVAL

CHANTÉE DANS

UN SOIR DE CARNAVAL

SAYNETTE BOUFFE

Exécutée à Paris, dans tous les Cafés chantants

Paroles de

EDOUARD DOYEN

Musique de

FELIX JOUFFROY

La Musique se trouve chez A. HURÉ, libraire-éditeur, à Paris,
rue Dauphine, 44, près le pont Neuf.

REFRAIN.

Ohé! ohé! ohé!
En avant le bal!
Joyeux carnaval!
Ohé! ohé! ohé! ohé!
Fêtons tour à tour
Bacchus et l'Amour.
Ohé! ohé!
Fêtons tour à tour } 4 fois.
Bacchus et l'Amour.

Album du Gai chanteur. 4ᵉ vol. 74ᵉ Livraison.

Sitôt que de la danse
A sonné le signal,
Chacun de nous s'élance
Pour faire bacchanal ;
Modiste, couturière,
Grisette et cœtera,
Sous la même bannière
Chantent ce refrain-là :
Ohé! ohé! ohé! etc.

Ici c'est une femme
Qui trompe son époux
Pour l'amant qui réclame
Un secret rendez-vous ;
Croyant qu'elle repose,
Son mari, gros dindon,
Près d'un domino rose
Voltige en papillon.
Ohé! ohé! ohé! etc.

Vivent ces jours d'ivresse
Qui charment nos loisirs,
Règne de la jeunesse,
Heureux temps des plaisirs!
C'est par eux qu'on oublie
Les peines d'ici-bas ;
Aussi chacun s'écrie :
Mardi-Gras n't-en va pas!
Ohé! ohé! ohé! etc.

DAVID
CHANTANT DEVANT SA MULE
PARODIE

Pour ramener le grain du papa Rabatjoie,
  Moi, l' plus jeun' gas de Nicôdem',
Le meunier Michel auprès de toi m'envoie.
  O toi! ma mul' (*bis*) vieill' comm' Mathieu **Salem!**

  O toi! ma mule, hélas! je te l' répète,
  Notre patron veut éprouver ton dos;
  Pour le voyag' que ton échin' s'apprête,
  Il faut encor porter de lourds fardeaux.
  Avec le fouet, cet argument suprême,
  Crois-moi, ma vieille, tu march'ras carrément,
  Et d' la corvée que j' te fais fair' moi-même,
  Tu vas t' tirer comme un ânon fringant. (*bis*.)

Claquez! claquez! mon fouet sonore, claquez un **brin,**
Poussez la mul' qu'on traîne encore vers le moulin.
    Mon fouet sonore, claquez! claquez!
Poussez la mul' qu'on traîne encore vers le moulin.
Mon fouet sonore, claquez! claquez encore **un brin!**

  J' te vas parler pour raccourcir la route,
  Des veaux, des pois, des gigots d' pré salé,
  Des champignons, du porc et d' la choucroûte,
  D' l'inconvénient d' manger du verr' pillé.
  J' te parlerai tout bas d' la gross' Prudence,
  J' te parlerai du p'tit bleu d' son papa,
  Des frais chardons mêlés à ta pitance,
  Puis du soleil, d' la lune et *cœtera*. (*bis*.)
    Claquez! etc.

  Quand j' faisais paîtr' les moutons d' ma grand' mère,
  Quequ' fois j' mangeais les pomm' du vieux **Mayeux.**
  Alors sur moi j' voyais avec colère
  Ce vieux grigou s'élancer furieux.
  Je m' défendais, car j'étais ben agile;
  Et dans la lutt' si j' n'étais pas l' plus fort,
  C'est que le fouet me rendait plus docile.
  Ainsi le fouet te f'ra courir encor. (*bis*.)
    Claquez! etc.

AU DIABLE
LES GÊNEURS

La Musique se trouve chez **A. HURÉ**, libraire-éditeur, à Paris, rue Dauphine, 44, près le pont Neuf.

Dès le berceau nous prend la gêne,
Jusqu'à la tombe elle nous mène ;
Que l'on soit pauvre ou fortuné,
    L'on est gêné. (*bis*)
Sous ses lois, cette dame engage
Gens de tout sexe, de tout âge :
Laquais, sujets et défenseurs.
    Au diable les gêneurs ! (*bis*)

Pour se soumettre à l'étiquette,
Il faut que d'une cigarette
L'on se brûle tout à la fois
    Lèvres et doigts. (*bis.*)
Si le bon ton défend la pipe,
Le bon plaisir est mon principe ;
La pipe plaît aux vrais fumeurs.
    Au diable les gêneurs ! (*bis.*)

Mon docteur me disait : Jeune homme,
Ménagez-vous bien ; voilà comme
Il se peut qu'on vive en tout temps,
    Jusqu'à cent ans. *(bis.)*
Quitter Lisette et ma bouteille,
Baisers brûlants, gaîté vermeille!
Que n'ai-je deux têtes, deux cœurs!
    Au diable les gêneurs! *(bis.)*

Pour compagnes de nos misères,
Nous avons jeunes ouvrières
Qui se coiffent tout simplement
    D'un bonnet blanc. *(bis)*
Pour les perdre, vieux à cassettes
Font scintiller bijoux, toilettes.
Allez donc soigner vos douleurs !
    Au diable les gêneurs ! *(bis)*

Des gêneurs, la liste complète
Serait trop longue, je m'arrête ;
On en rencontre à chaque pas,
    Jusqu'au trépas. *(bis)*
Quand vient la mort, cette gêneuse,
Dans la tombe que l'on vous creuse
Vous nourrissez les vers rongeurs.
    Au diable les gêneurs ! *(bis)*

E. BARON.

L'AMOUR ET LA FOLIE
DUO

Air : *Amis, la mer est belle.*

L'amour et la folie
Inspirent les chansons;
Pour égayer la vie,
Amis, buvons, chantons.
L'hiver, qui froid et sombre
Nous couvrait de son ombre,
Dévoile enfin aux cieux
Le soleil radieux.
    Ah !
L'amour et la folie, etc.

Le printemps qui commence
Vient, par son influence,
Enflammer nos désirs,
Nous offrir des plaisirs.
    Ah !
L'amour et la folie, etc.

La beauté sait mieux plaire ;
Sa parure légère
Laisse voir à nos yeux
Ses attraits gracieux.
    Ah !
L'amour et la folie, etc.

Voici les hirondelles ;
Que vives sont leurs ailes !
Le cerf mis aux abois
S'élance dans les bois.
    Ah !
L'amour et la folie, etc.

Les fleurs et la verdure
Enchantent la nature.
L'oiseau charme les airs
Par ses divins concerts.
    Ah !
L'amour et la folie, etc.

O bonheur délectable !
Auprès d'un sexe aimable
Fêtons le verre en main
L'amour et le bon vin.
    Ah !
L'amour et la folie, etc.   H. TURENNE.

MONSIEUR CURIEUX

SCÈNE COMIQUE

Paroles et musique de

AUGUSTE BOULANGER

La Musique se trouve chez **A. HURÉ**, libraire-éditeur, à Paris.
rue Dauphine, 44, près le pont Neuf.

INTRODUCTION

Avant tout, mesdames et messieurs, il est bon que vous sachiez que je suis *curieux*; si vous ne l'êtes pas, tant pis! moi je le suis de père en fils, et pour mieux piquer votre *curiosité*, voilà le fait : c'est que je me nomme *Curieux*, je suis le fils d'un ancien marchand de *curiosités* qui, de son temps, passait pour être le *coq... au quai...* de la Ferraille; quant à moi, je suis le plus flâneur des quatre-vingt-neuf départements, non compris *l'Algérie*. Chaque nouveauté me doit un sou, ce qui fait que je suis sans cesse à sa poursuite; je m'amuse de tout, aussi parfois je suis tenté de croire que le *Plaisir* fut mon parrain et la *Folie* ma nourrice. Pour fortune, j'ai la gaieté : ce fut là tout mon patrimoine. Aussi mon bagage ne fut pas lourd à porter en voyage, ce qui fait que je répète :

REFRAIN.

Si je passe ma vie
A flâner du matin au soir,
C'est que j'ai la manie
De vouloir tout voir, tout savoir.

Le chanteur se munira d'un pantin, à l'instar de Guignol.

Grand amateur du beau,
Il me faut du nouveau;
Franc, joyeux, oui voilà Curieux,
Oui voilà, oui voilà Curieux.

Paris est une grande arène
Où l'on fait assaut de trafic;
Chaque affiche a son phénomène
Pour attirer ce bon public.
L'un sans la selle fend la nue
Comme le plus simple moineau;
L'autre à pied sec trotte sur l'eau
Mieux qu'on ne marche dans la rue.

(*Parlé.*) Encore de nouveaux Gribouille qui se cachent dans l'eau crainte de la pluie; mais moi j'en attendais une pluie, mais c'était une pluie d'or. J'avais eu l'idée de tenter la fortune, et pour ça, j'avais pris un billet de chaque série de la loterie des lingots d'or, et par ce moyen, je me trouvais possesseur de *six sériées;* je voyais déjà mon bonheur en *peinture*, quelle *perspective!* pour moi, c'était un *tableau* qui me faisait faire bien des châteaux en *Espagne*; et dire qu'il y avait six millions d'individus qui le couvaient de l'œil ! Et chacun faisait des projets suivant son rang et sa position. L'un achetait en imagination sa petite maison de ville ou de campagne, dépensait cent mille francs, et plaçait le reste pour se faire quinze mille livres de rentes; un autre aurait voulu gagner pour faire enrager celui qui l'avait obligé naguère et dont il est méconnu maintenant; dans la classe pauvre et laborieuse, vous entendiez ceci : — Voisine, si j'avais gagné, vous vous en seriez ressentie, j'aurais fait du bien à tout ce qui m'entoure. — Moi, disait une pauvre mère, j'aurais voulu gagner seulement de quoi acheter un remplaçant à mon pauvre garçon qui m'aide à élever ma famille : et voilà quelle était la conversation de tout Paris, et maintenant que la loterie est tirée, dire que mes six francs de billets ne valent pas deux sous ! Et voilà comme mes quatre cent mille francs d'espérance se sont trouvés *dix sous*, ce qui ne m'empêche pas de répéter: (*Au refrain.*)

Pour le Havre l'on m'expédie
Un soir en wagon découvert,
Et là je prends un bain de pluie
Qui me tient lieu d'un bain de mer ;
Enfin, brisé, moulu, j'arrive ;
Bientôt la fatigue m'endort.
Et sans même avoir vu le port,
Je reprends la locomotive.

(*Parlé*.) Et l'on appelle ça du plaisir, merci ! En fait d'agrément, parlez-moi des trente jours de plaisir qu'on vous donnait dans Paris pour quinze francs ; voilà un drôle de plaisir, car il est bon de vous dire que j'étais porteur d'une de ces cartes. Voici mon début : il y avait, comme à l'ordinaire, fête extraordinaire aux Arènes nationales ; je m'y présente et l'on me dit : — Connais pas. — Mais, repris-je, c'est un billet de la société du Plaisir. — Si c'est de la société du Plaisir, veuillez passer au bureau, c'est un *franc*. Je crus que c'était une mystification En m'en retournant, j'essayais d'entrer au théâtre, même représentation au dehors. Ennuyé, ne sachant où finir ma soirée avec un billet gratis où il me fallait payer partout, je me dis : Allons à *Asnières*, il y a fête de nuit. Je prends le dernier convoi ; arrivé, on me dit que la fête de nuit avait fini avec le jour ; pour comble de bonheur, tout était fermé, j'avais une faim atroce, mais voilà le bouquet ! plus de départ au chemin de fer, impossible de se procurer une voiture, pas même un *animal du pays ;* il me fallut dévorer l'espace à pied. Enfin !... je suis sorti de chez moi à une heure après midi et j'y suis rentré à quatre heures du matin ! Quinze heures de bonheur, voilà du plaisir ou je ne m'y connais pas. Le lendemain, comme vous pouvez bien le penser, je fus me plaindre à l'administration ; on me dit que c'était un malentendu, mais qu'on allait me donner du plaisir pour mon argent. — Le plus grand plaisir que vous pourriez me faire, lui dis-je, serait de me le rendre. — Monsieur, les billets pris, on ne rend pas la valeur, mais nous allons vous indemniser. Aussitôt, il me donne un cachet d'omnibus allant de *Bercy* à la barrière de *l'Etoile !* — Mais, lui dis-je, je n'ai pas de courses par là ! — C'est égal, monsieur, on vous doit un dédommagement, il est juste de vous offrir la course la plus longue, à moins que vous ne préfériez votre entrée au théâtre de *Guignol*, situé aux Champs-Elysées, ce que j'acceptai faute de mieux ; et en m'en retournant, je répétais encore... (*Au refrain.*)

> Loin d'abuser de la réclame,
> Guignol, dont je fais grand cas,
> Ne ment jamais à son programme,
> Par la raison qu'il n'en fait pas.
> Vais-je près de Polichinelle
> Raviver mes goûts enfantins?
> Oh! non, car alors des pantins
> Je ne voyais pas la ficelle.

(Parlé.) C'était un jeudi, le temps était beau et tout en flânant, j'arrive au théâtre de *Guignol* ; on allait commencer la première représentation de *l'Armoire mystérieuse, ou le Vol découvert*, pièce en deux actes. Le public attendait avec impatience le lever du rideau ; je me plaçai dans un coin pour observer plus à mon aise. Quel coup d'œil ! c'était vraiment curieux de voir toutes ces petites têtes d'ange au teint rosé, aux formes mignonnes, les yeux fixes, la bouche béante, ce qui donnait à leurs physionomies une expression toute différente ; les mamans les surveillaient de l'œil ; tout, autour de nous, respirait la joie et le bonheur. Me voilà donc pour un instant au théâtre de *Guignol*. Vous souriez? Eh bien! quel est celui qui a passé devant ce spectacle enfantin sans s'y être arrêté plus d'une fois? et qui de vous ne s'est surpris à rire en voyant *Polichinelle* aux prises avec le *commissaire*? je me rappelle même qu'il n'y avait que le diable pour le faire taire. La représentation terminée, je voulus visiter l'intérieur du *théâtre*. Le directeur me fit la gracieuseté de me faire entrer dans le *foyer des artistes*. Quelle différence de ce foyer-là à celui de nos grands théâtres ! Là, pas d'intrigues ni de folles jalousies : tous les sujets sont égaux, chacun vit en frère : c'est encore l'âge d'or! Quand j'eus tout examiné, je dis au directeur : « Seriez-vous assez bon pour me céder un de vos *pensionnaires*, que je destine à faire l'amusement de mes petits enfants? — Volontiers, » me dit-il ; et voilà mon acquisition. (*Montrant un pantin à l'instar de Guignol.*) Et

quand la mauvaise saison sera venue, pour stimuler la mémoire de mes petits enfants, je ferai réciter des fables à mon pantin. (*Parlant à son pantin.*) « Voyons, Léon, récitez-moi votre fable. — (*Voix d'enfant.*) La cigale ayant senté tout n'été... ayant senté tout n'été... se trouva fort dépourvue quand la *biche* fut venue... — Elle était donc là la *biche?* — Oui, grand papa, qu'a y était; elle s'en va... elle s'en va... — Eh bien! c'est bon; puisqu'elle s'en va, laisse-la aller. — Tu m' fais tromper! Elle s'en va chez sa *floumie*, sa voisine, pour lui demander qu'ed chose, pour *sussister*... pour *sussister*... je vous payerai, je vous payerai. — Eh bien! c'est bon, puisqu'elle la paye, elle ne lui doit plus rien. — Mais si, je vous payerai, lui dit-elle, foi d'animan, intérêt et *franchippanne*. — Vous aimez donc toujours les gâteaux? — Oui, grand papa, que j'aime bien les gâteaux. — Mais vous n'êtes qu'un petit âne, vous ne la savez pas. — Veux-tu que j' la r'commence? — Non, non, c'est assez comme ça. — Eh bien! je vais *senter*: *Quand j'étais petit, je n'étais pas gland; je montrais mon...* — Eh bien! monsieur? — Mais laisse-moi donc finir! *Je montrais mon papa à tous les passants.* — Mais c'est très-bien; qu'est-ce qui vous appris ça? — C'est Jules, à qui j'ai donné deux billes et ma toupie. — Venez m'embrasser; et demain, faites-moi penser à vous donner deux sous pour acheter un gâteau. — Dis donc, grand papa, si tu t'en rappelais tout de suite, ça fait que je ne l'oublierais pas pour demain? — Vous êtes un espiègle. (*Il lui pince l'oreille.*) — Tu m'as fait mane. (*Le pantin lui donne une tape.*) — Léon, vous battez grand papa, il va vous mettre dans sa poche; dites bonsoir à la société. — Tu veux pas que j' reste? — Non. — Eh bien! bonsoir toute la société. » Et voilà comment je procéderai à l'amusement de mes petits enfants; mais en attendant, je répète...

Si je passe ma vie
A flâner du matin au soir,
C'est que j'ai la manie
De vouloir tout voir, tout savoir.
Grand amateur du beau,
Il me faut du nouveau;
Franc, joyeux, oui voilà Curieux,
Oui voilà, oui voilà Curieux.

A-T-IL MAL FAIT?

Paroles de
PAUL DE KOCK

Air : *Pourquoi pleurer* (du *Concert à la cour*).

    A-t-il mal fait? (*bis.*)
Ah! daignez m'éclairer, mon père,
Colin m'a dit qu'il m'adorait,
Que toujours je lui serais chère.
    A-t-il mal fait? (*bis.*)

    A-t-il mal fait?
Il dit que je suis la plus belle,
Que ma tournure a de l'attrait,
Qu'il est doux de m'être fidèle.
    A-t-il mal fait?

    A-t-il mal fait?
Colin, en me disant : Je t'aime,
Avec ardeur me regardait,
Puis, me pressait contre lui-même...
    A-t-il mal fait?

    A-t-il mal fait?
Il m'a dit : Tu seras ma femme,
Notre bonheur sera parfait!
D'avance couronne ma flamme...
    A-t-il mal fait?

ÉCRIRE FRANCO

A. HURÉ, libraire-éditeur, à PARIS

RUE DAUPHINE, 44, PRÈS LE PONT NEUF

Seul propriétaire des chansons contenues dans l'**Album du Gai chanteur.**

(Reproduction complétement interdite.)

MON P'TIT PAPA

SCÈNE COMIQUE NORMANDE

Paroles et musique de Charles LETELLIER

La Musique se trouve chez **A. HURÉ**, libraire-éditeur, à Paris
rue Dauphine, 44, près le pont Neuf.

Papa, j'ai du bobo dans l'âme.
   Je m'vois maigri,
   J'crains d'en mouri :
C'est l'amour qu'j'ai pris pour eun' femme,
   En la r'gardant
   Tout bêtement.
Consolais-moi dans ma détresse,
Vo qu'aimiais ma mère comm' ça!...
On sait toujours où la bât blesse,
Lorque l'on a passai par là.

(*Parlé.*) Oh! là là là, papa! j'ai l' cœur en feu, sar‑vais-moi d'pompier... C'est la belle Fanchette qui m'a allumai, baillais-la moi pour famme, le sacrement me fra l'effet d'un seau d'eau. Alle est si fignolette, c'te Fanchette!... Quelle grâce à la danse!... c'est une biche!... quel gentil p'tit parlai sort de sa bouchette! c'est un air de flageolet... quelle agriable senturie on respire autour d'alle! c'est un pot de rose à chent feuilles... Le lenredemain de l'autre jour, quand j' lui reportis le quarteron d'œufs que sa mère, la veille,

Album du Gai chanteur.   4ᵉ vol. 74ᵉ Livraison.

nous prêtit, j' fus si stupéfait de sa biautai, qu' j'en laissis tambai d'étonnement mon panier par terre, la bouche ouverte, les bras comme ça... (*Il ouvre la bouche, tend les bras et soupire.*) Ah! saperlipopette! quelle omelette! (*Au refrain.*)

Brigand d'amour! ah! quel martyre!
Tu m' fais pleurai quand j' voudrais rire.
Papa, papa, mon p'tit papa,
Pour famm', baillais-moi c'te famm'-là.
Depuis que l'amour, pour Fanchette,
    M'a parçai l' cœur
    D'un trait vainqueur,
Je vas, je viens, j'écout', je guette,
    Je parl', je m'tais,
    J' trouv' tout mauvais.
Il est temps que cess' ma misère,
Car l'amour, ce p'tit polisson,
A soufflai d'eun' drôl' de manière
Sur le quinquet de ma raison.

(*Parlé.*) Oh! là là là, papa! votre fieu n'est pus votre fieu, je n' me r'connais pus, je m' prends queuq' fois pour le voisin d'en face qu'est une oie... et c'est désagriable! Je suis tellement éberluquai de c'te Fanchette, que je n' vo dirai pas si alle est breune ou blonde, blonde ou breune ; les uns disent qu'alle est breune à l'ombre, les autres qu'alle est blonde au soleil, mais breune ou blonde, blonde ou breune, ça m'est égal! alle serait châtaigne ou rousselette que je l'aimerais comme alle est... Sa p'tite physolomie me galoppe partout. Je la vois dans les champs, dans les bois, dans l'air et dans l'eau... C'est si vrai qu' dimanche, au saut du moulin, en pêchant des truites pour alle, à la ligne, j' crus la voir qui m' souriait dans l'courant, et que j' tumbis dans la rivière en voulant embrassai son image. (*Donnant deux baisers et soupirant.*) Ah! saperlipopette! quel plongeon! (*Au refrain.*)

J'ai dix-huit ans, elle en a seize,
    C'est l'âge heureux
    D' formai des nœuds.
Plus tard on prend, ne vo déplaise,
    De mauvais plis,
    Et c'est tans pis!
Alla n'a rien, moi j'ai queuqu' chose,
Mais, si j' l'obtiens, Dieu! quel trésor!
En ne r'cevant d'alle qu'une rose,
    J' croirai lui redevoir encor.

(*Parlé.*) Oh! là là là, papa! pressais vo d no mariai... Fanchette me rendra la vie douce comme un sucre d'orge : alle m'aime, alle me l'a dit alle-même... A la dernière assemblaie, alle m'a payai la lantarne magique ; or, c'est comme ça, quand une fille paie à un garçon la lantarne magique, c'est qu'alle éprouve un violent amour pour lui... Quand j'ai vu ça, je n' suis pas restai en arrière, j'y ai mis un bijou dans la main, une bague en ergent de 24 sous... Et pis en r'venant, à la nuit, à la clarté des chandelles du bon Dieu, j'avons jouai ensemb' à l'aiguillette. C'est ça un jeu amusant, l'aiguillette! Oh! alle a cachai sa bague sur alle, dans son linge, et pis j'ai serchet, serchet, serchet... si ben qu'à la parfin je l'ai trouvet dans n'un p'tit endroit secret, oùs qu'alle l'avait muchet. (*Soupirant*) Ah! saperlipopette! quelle cachette! (*Au refrain.*)

PLUS JE VIEILLIS
PLUS JE D'VIENS BÊTE

PAR JULES JEANNIN

Air : *Un homme, pour faire un tableau* (Doche père.)

Ma femme est une soupe au lait...
Nulle autre n'a sa pétulance.
Dernièrement à ce sujet
Je lui f'sais un' sag' remontrance ;
Haussant son aigre diapason,
Voici c' que m' répondit Bichette :
« Tais-toi ; tu n'es qu'un cornichon !
Plus tu vieillis, plus tu d'viens bête. »

Cett' boutad' me fit réfléchir...
Tout autre en eût pris d' la colère ;
Je résolus d'approfondir
La phrase de ma ménagère.
Le résultat fut : Mon fiston,
Tu n'as pas volé l'épithète...
Ma foi, ma femme a bien raison :
Plus je vieillis, plus je d'viens bête.

D' puis treize ans je jouis des trésors
Dont l' ciel gratifia mon épouse ;
Elle en avait dix-sept alors,
J'additionn' trent', si je n' me blouse :

Quand je lui rimaille un' chanson,
J' m'obstine à la nommer Lisette!
Ma foi, ma femme a bien raison :
Plus je vieillis, plus je d'viens bête.

Dans un d' nos théâtr's du boul'vart,
Au milieu d'un drame coriace,
M' sentant l' besoin d'aller quèqu' part,
Je m' dis : Diable! on peut m' prendr' ma place...
Pour la r'connaîtr', comme un oison,
Je laiss' ma montr' sur la banquette!
Ma foi, ma femme a bien raison :
Plus je vieillis, plus je d'viens bête.

A la chasse n'ayant rien pris,
Pour couper court à tout' critique,
Je fais, en y mettant le prix,
L'achat d'un lièvre magnifique.
Mais j' m'aperçois à la maison
Qu' j'aurais dû flairer mon emplette..
Ma foi, ma femme a bien raison :
Plus je vieillis, plus je d'viens bête.

La nuit passé', m' piquant d'honneur,
Personn', je crois, n' m'en jett'ra l' blâme,
A ma moitié j' prenais à cœur,
De donner un' preuv' de ma flamme..
Dans l'égar'ment d' ma pamoison,
Au lieu d' Louis' j' l'appelle Antoinette!
Ma foi, ma femme a bien raison :
Plus je vieillis, plus je d'viens bête

Jadis, arbitres d' nos concerts,
D'auteurs, une troupe choisie
Trouvaient, disaient-ils, dans mes vers,
Quelque apparenc' de poésie;
Aujourd'hui le luth d'Apollon
Dans mes mains se change en s'rinette...
Ma foi, ma femme a bien raison :
Plus je vieillis, plus je d'viens bête.

LE MANQUE DE MÉMOIRE

CHANSONNETTE

Paroles de **Paul de Kock**. Musique de **J. Javelot**

La musique chez A. HURÉ, libraire éditeur, rue Dauphine, 44.

Pourquoi gronder, ô mon ancienne amie,
Si ma mémoire a suivi mes amours?
J'avais, me dis-tu, d'un air de bonhomie,
Fait le serment de t'adorer toujours?
Employant tout pour te rendre sensible,
Je te nommais et Ninon et Vénus!
J'ai dit cela, ma chère, c'est possible;
Mais aujourd'hui je ne m'en souviens plus.

Dans les transports de ma flamme amoureuse,
Pour te prouver ma sincère amitié,
J'ai, dis-tu, voulu te rendre heureuse
En te donnant de mes biens la moitié;
Et par ce don, sur-le-champ exigible,
Je t'assurais tous les mois mille écus?
J'ai dit cela, ma chère, c'est possible;
Mais aujourd'hui je ne m'en souviens plus.

Voulant encor, contre mon inconstance,
Te rassurer par un nœud éternel,
Perdant pour toi ma douce indépendance,
J'ai désiré te conduire à l'autel;
Me marier ne m'était point pénible,
Je te trouvais des grâces, des vertus...
J'ai dit cela, ma chère, c'est possible;
Mais aujourd'hui je ne m'en souviens plus.

Bref, tu prétends, et je veux bien le croire,
Que je t'ai dit : « Si je deviens trompeur,
» Pour me punir d'une action si noire;
» Je te permets de me percer le cœur. »
Ah! ne va pas, dans un transport terrible,
Te préparer des regrets superflus!
On dit cela, ma chère, c'est possible;
Le lendemain on ne s'en souvient plus.

LA BELLE
BOURBONNAISE

CHANSONNETTE

La Musique se trouve chez **A. HURÉ**, libraire-éditeur, à Paris, rue Dauphine, 44, près le pont Neuf.

Dans Paris, la grand' ville,
Garçons, femmes et filles *(bis)*
Ont tous le cœur débile,
Et poussent des hélas !
Oh ! ah ! ah ! ah ! ah ! ah ! ah !
La belle Bourbonnaise,
La maîtresse de Blaise
Est très-mal à son aise,
Elle est sur un grabat.
Ah ! ah ! ah ! ah ! ah ! ah ! *(bis)*
Est très-mal à son aise,
Elle est sur un grabat.

N'est-ce pas bien dommage
Qu'une fille aussi sage *(bis)*
Au printemps de son âge,
Soit réduite au trépas ?
Ha ! ha ! ha ! ha !
La veille d'un dimanche,
En tombant d'une branche
Elle s'est démis la hanche,
Et s'est cassé le bras.
Ho ! ha ! ha ! ha ! etc.

Pour guérir cette fille,
On chercha dans la ville (*bis*)
 Un médecin habile,
 Et l'on n'en trouva pas.
  Ha! ha! ha! ha!
L'on mit tout en usage,
Médecine et herbage,
Bon bouillon et laitage,
Rien ne la soulagea.
Ho! ha! ha! ha! etc.

Et la pauvre malade,
D'argent n'ayant pas garde, (*bis*)
On tomba sur ses hardes
Et rien ne lui resta!
 Ha! ha! ha! ha!
En fermant la paupière
Ell' finit sa carrière;
Et sans drap et sans bière,
En terre on l'emporta.
Ho! ha! ha! ha! etc.

Pour fair' sonner les cloches,
On donna ses galoches, (*bis*)
Son jupon et ses poches,
Son mouchoir et ses bas.
 Ha! ha! ha! ha! (*On pleure.*)
Et dé sa sœur Javotte
On lui donna la cotte,
Son manteau plein de crotte,
Avant qu'elle expirât!
Ho! ha! ha! ha! etc.

La pauvre Bourbonnaise
Va dormir à son aise, (*bis*)
Sans fauteuil et sans chaise,
Sans lit et sans sopha.
 Ha! ha! ha! ha! (*On pleure.*)
Voilà qu'elle succombe,
Elle est dans l'autre monde;
Puisqu'elle est dans la tombe,
Chantons son *libéra*
Ho! ha! ha! ha! etc.

APRÈS UN AN D'ABSENCE

ROMANCE

Par Auguste Livet.

Air du *Dernier baiser*.

Un beau soir de printemps ; une brise embaumée,
Dans les buissons en fleurs bien doucement chantait.
Un amant à genoux, sous la verte feuillée,
A celle qu'il aimait, tristement il disait :
« O vous que j'adorais dès ma plus tendre enfance !
» Pourquoi tant de froideur, suis-je donc étranger?...
» Je reviens plein d'espoir après un an d'absence.
» O Marie ! tant d'amour (tant d'amour) devait-il s'oublier !... (*bis*)

» Ne vous souvient-il plus de cet aveu si tendre?
» Vous me dites : Ami, sèche tes pleurs amères ;
» Pars sans crainte, je t'aime ! et je saurai t'attendre.
» Moi, votre souvenir m'a suivi sur les mers.
» Croyant ces deux serments, et plein de confiance,
» Du plus sombre chagrin je pus me consoler.
» Je reviens plein d'espoir après un an d'absence.
» O Marie ! tant d'amour (tant d'amour) devait-il s'oublier !..

» Vous souvient-il encor, qu'un soir dans la prairie,
» Vous me dites aussi : Tu seras mon époux?
» Vous l'avez oublié, ô cruelle Marie...
» Ce mot pour moi si doux, je l'implore à genoux.
» O Marie ! mon amour, pitié pour ma souffrance!
» O toi que j'aime tant ! laisse-moi te prier...
» Je reviens près de toi après un an d'absence.
» Oh! non, non, tant d'amour (tant d'amour) ne peut pas
[s'oublier. »

MARGOT LA LYONNAISE

PARODIE DE *MARCO*

Paroles de **Joseph Arnaud**

Chantée par l'auteur.

Margot, tu dois être fière
De ta superb' vill' de Lyon,
De son coteau de Fourvière
Qui fait notre admiration,
La Croix-Rouss', la Guillotière,
Perrache avec les Brotteaux,
Vaise aussi, la Martinière,
Saint-Jean, Saint-Clair, les Terreaux,
Le pont de la Mulatière,
Et les autr's qui sont fort beaux.
    Ah! si, ah! si;
Mais j'aime bien aussi
La jonction du Rhôn', d' la Saône
Qui s' mari'nt sans consent'ment;
Il n' faut pas que ça t'étonne,
Y a des gens qu'en font autant.
    Drin, drin, etc.
Qui n'ont pas d'arrondiss'ment.
    Drin, drin, etc.
Qui s' la coul'nt agréabl'ment.

Aimes-tu l'Hôtel-de-Ville,
L'Hôtel-Dieu, la plac' Bell'cour,
Du Palais d' Justic' le style,
La Bours' que l'on met à jour?
Aimes-tu la Cathédrale,
La statu' de Louis-le-Grand,
La bell' rue Impériale,
Le théâtr' du pont Morand,
Jacquard au milieu d' la Halle,
Qui n' peut penser tranquill'ment?

Ah! si, ah! si;
Mais j'aime bien aussi
Napoléon d'vant la Gare,
Kléberger, Suchet, Martin;
Sans gib'lott' je les compare
Tous à de fameux lapins.
    Drin, drin, etc.
Le théâtr' des Célestins,
    Drin, drin, etc.
La caserne de Serin.

Aim's-tu l' jardin d' la Rotonde,
L'Alcazar, Monte-Cristo,
Roch'-Cardon, où l' demi-monde
Va souvent faire un duo;
Le Jardin des Plant's, l'Il'-Barbe,
Le Parc de la Tête-d'Or,
Où l'on va faire une barbe
Avec Alfred ou Hector,
Sans s' méfier de la Saint'-Barbe,
Dont il faut r'douter l'abord.
    Ah! oui, ah! oui,
C'est un plaisir inouï.
Quand nous mangeons à la Mouche
La friture avec du veau,
Que sur l'herbe l'on se couche,
Et qu' l'on rêve au bord de l'eau.
    Drin, drin, etc.
En songe on voit des chameaux,
    Drin, drin, etc.
Qu'ont plumé des dindonneaux.

Margot — es-tu vaporeuse?
Tu dois aimer le brouillard;
Cette atmosphèr' nébuleuse
Sert pour tromper le regard;
Il est caus' de bien d'affaire,
De tout sens, de tout' couleur,
On entr' chez l'apothicaire
Croyant être au confiseur;
On prend dans l'itinéraire
Ru' Madame pour ru' Monsieur.
    Ah! si, ah! si;
Mais j'aime bien aussi
L'artill'ri' de Villeurbanne

Qui fait sa ronde de nuit,
Par le parfum qu'elle émane ;
Le mot d'ordre au nez vous cuit
   Drin, drin, etc.
Sens-tu bien le cas qui suit?
   Drin, drin, etc.
On déguste à prix réduit.

Aimes-tu le grand Loyasse
Qui ne trompe pas la mort,
Et qui sur tous fait main basse,
Sur le faible, sur le fort?
Je sais bien que tu déteste
Le chemin de l'Abattoir
Que tu fuis comme la peste,
Qu'est prêt à te recevoir.
L' Mont-d'-Piété t'est indigeste,
Car il fait ton désespoir.
   Ah! non, ah! non,
Margot, qu'aimes-tu donc?
Tout ça n' vaut pas deux volailles,
Six bonn's bouteill's de Bordeaux ;
J'aim' mieux ça qu' les Antiquailles
Et ceux qu'ont perdu l' cerveau.
   Drin, drin, etc.
Moi je garde mon chapeau,
   Drin, drin, etc.
Je n' m'enrhum' pas du cerveau.

ÉCRIRE FRANCO

A. HURÉ, libraire-éditeur, à PARIS

RUE DAUPHINE, 44, PRÈS LE PONT NEUF

Seul propriétaire des chansons contenues dans l'**Album du Gai chanteur**.

(Reproduction complétement interdite.)

Paris. Typ. Beaulé, rue Jacq. de Brosse, 40

JUPITER
ET LES POÈTES

RONDEAU DRAMATIQUE

Chanté par mademoiselle Caroline COINDE, au Grand Café
d'Apollon, à Lyon.

Paroles de **Léon Ricque**. Musique de **J. Bornet.**

La Musique se trouve chez A. HURÉ, libraire-éditeur, à Paris,
rue Dauphine, 44, près le pont Neuf.

Un jour d'orage
Et de nuage,
Jupin, craignant surtout de s'ennuyer,
Se dit : Que faire
Pour me distraire?
J'ai beau chercher, rien ne vient m'égayer
Cherchons encor! Mais de la poésie,
Que l'on finit par trop abandonner,
Je veux ici finir cette hérésie,
Car c'est à moi de la régénérer.

C'est à la mode,
C'est fort commode.
Oui, c'est cela, voyons! créons un prix;

Album du Gai chanteur.   1e vol. 76e liv.

Qu'on entre en lutte,
　　　Qu'on se dispute,
Accourez tous, messieurs les beaux esprits.
Et puis il dit au messager Mercure :
Va me chercher mes joyeux chansonniers,
Rassemble-les au banquet d'Epicure,
Et dis à Mars d'apprêter ses lauriers.

　　　Que l'on commence :
　　　Vadé s'avance
Et dit : Seigneur, moi, j'ai chanté le vin.
　　　Une bouteille,
　　　Pleine et vermeille,
M'a toujours plu, j'en ai fait un refrain.
J'ai bien souvent, dans plus d'une guinguette,
Ayant trop bu, puis, sans un sou vaillant
Soldé l'écot par une chansonnette,
Que je venais de rimer en buvant.

　　　Moi, d'une belle
　　　Par trop cruelle,
Reprit Collé, j'adoucis les rigueurs,
　　　Et sa tendresse,
　　　Et son ivresse
A mes chansons accorda ses faveurs.
Car dans mes chants où je mettais mon âme,
Car dans mes chants tout parfumés d'amour,
Je ne chantais qu'un seul objet : la femme !
Et dans ses bras je vivais nuit et jour.

　　　De la folie
　　　Et de l'orgie,
Moi, j'ai chanté les enivrants plaisirs ;
　　　De la jeunesse,
　　　D'une maîtresse,
J'ai répété les amoureux désirs.
J'ai fait souvent bien des tours à ma muse,
Chez une belle on me vit un peu tard
On en glosa. Sire, l'on vous abuse,
Croyez ici le chansonnier Panard !

Rumeur étrange !
Bientôt tout change :
Vénus est rouge et Jupiter sourit,
Junon la fière
Est en colère,
Cérès se fâche et Minerve pâlit.
D'où venaient donc, là-haut, dedans la nue,
Ce grand courroux, ces changements divers ?
C'est que sans fard, sans peur ni retenue,
Piron venait de réciter ses vers.

Muse coquette,
Un vrai poëte,
Vint à son tour, tout couvert de lauriers,
Et lui dit : Sire,
Dans votre empire,
Comme ici-bas, mon nom est Désaugiers !
Oui, j'ai chanté la ville et la campagne,
Paris le soir et Paris le matin,
Les mœurs du temps, les châteaux en Espagne,
L'amour, la gloire et le joyeux festin.

Mais on m'oublie,
Quelle infamie !
Criait très-fort un rimeur ombrageux.
A moi la gloire
Et la victoire !
Je suis Parny ! Moi, j'ai chanté les dieux.
Lors Jupin allait fermer la lice,
Lorsque survint un chansonnier poudreux.
— Qui donc es-tu ? parle sans artifice,
Et qu'as-tu fait pour paraître en ces lieux ?

Dans la nature,
Je vous l'assure,
Errant, proscrit, pourtant je suis connu ;
Fuyant la ville,
Rouget de l'Isle,
C'est moi, Seigneur, ici je suis venu.

Ce que j'ai fait? j'ai fait la *Marseillaise*,
Ce chant béni que la France aime tant,
Hymne sacrée à toute âme française,
Chant de victoire et du soldat mourant.

      Mais à la porte,
      Quelle cohorte !
Quelles clameurs ! dit Jupin tout surpris.
      Maudit tapage !
      Vraiment j'enrage !
Pour qui ce bruit, ces transports et ces cris ?
Alors parut au sein de l'assemblée
Un beau vieillard, au front calme et divin ;
A son aspect, à sa vue honorée,
Héros et dieux s'inclinèrent soudain.

      Je vais vous dire
      Qui je suis, Sire,
Dit le vieillard. Mais Jupin, l'arrêtant :
      — Tais-toi ! silence !
      Je sais d'avance
Ton nom immense et connais ton talent.
J'ai lu souvent ta joyeuse Lisette,
Ton vieux drapeau, puis ton pauvre grenier,
Tes chants d'amour, ô mon noble poète,
Tes chants de gloire, illustre chansonnier.

      Quand la patrie
      Fut asservie,
Ton cœur français s'élança dans tes chants.
      D'un tel outrage,
      Bouillant de rage,
Pour ton pays, toi seul eus des accents.
Tu refusas d'être à l'Académie,
Tes nobles chants suffisaient à ton cœur.
Tu fus encor, outre ta modestie,
Comme Bayard, sans reproche et sans peur.

Prends la couronne,
Je te la donne.
Et tout l'Olympe aussitôt applaudit;
Mais le poète,
Hochant la tête,
Tremblant, confus d'un tel honneur, leur dit :
« Non, mes amis, non, je ne veux rien être.
» Pour aujourd'hui j'ai mis mon bel habit;
» La fleur des champs seule doit y paraître;
» Je vois encor l'accroc que Lise y fit

» Je ne mérite
» Ni sollicite;
» Non, je ne veux aucun rang parmi vous.
» Depuis une heure,
» La France pleure,
» C'est mon orgueil, car ces pleurs me sont doux. »
Il dit et part appuyé sur Lisette,
Calme et riant comme au temps du danger.
Les dieux saluent le chansonnier-poète,
Et l'on s'écrie : Honneur à Béranger !

Et la couronne,
Que chacun donne
A son génie, est mise sur son front;
Et lui s'écrie :
O ma patrie,
Accepte-la, France, je t'en fais don !

LE CŒUR DU PEUPLE

ROMANCE

Paroles de C. BANGUITTE. Musique de C. CLÉMENT.

La Musique se trouve chez A. HURÉ, libraire-éditeur, à Paris, rue Dauphine, 44, près le pont Neuf.

D'un noble orgueil que ton front s'illumine ;
Ne rougis pas de l'humble vêtement,
Du bourgeron qui couvre la poitrine
De l'ouvrier, du modeste artisan ;
Et si, parfois, un fier regard s'arrête
Sur ton regard où brille noble ardeur,
Enfant du peuple, relève la tête,
Car ton sarrau recouvre un noble cœur. } bis.

Pâle, tremblant d'une morne tristesse,
Le malheureux qui demande son pain
Par un regard humide de tendresse
Bénit le sou qui tombe dans sa main.
Merci, dit-il, merci cent fois, mon frère ;
Je te connais, ô toi ! mon bienfaiteur !
Ami, pour moi, tu rognes ton salaire,
Ah ! sois béni, tu es un noble cœur. } bis.

Ils ne sont plus, ces longs jours de souffrance,
Où le pays pleurait un Waterloo !
Un cri d'espoir, d'amour, de délivrance,
A salué ce nom : Solférino !
Si le torrent, rompant enfin sa digue,
A su briser l'affreux joug du malheur,
C'est que le peuple est de son sang prodigue,
Et que, soldats, ses enfants ont du cœur. } bis.

LES LAPINS

CHANT BACHIQUE

Paroles de ARTHUR LAMY. Musique de A. LAGARD.

La Musique se trouve chez **A. HURÉ**, libraire-éditeur, à Paris,
rue Dauphine, 44, près le pont Neuf.

Nous sommes de joyeux lapins,
Des bons enfants les vrais modèles.
Du ciel admirant les desseins,
Nous fêtons les grappes nouvelles,
Et nous moquant des médecins,
Lorsque nos verres sont bien pleins,
    Nous chantons bien haut
    Ce refrain nouveau :
Chagrin, plus vite qu'*aspergès*,
Train express, met l'homme *ad patrès*.
Du vrai lapin c'est le refrain. (*bis*)
Le bon vin donne la gaieté,
La gaieté donne la santé ;
Point de santé sans la gaieté,
Car la gaieté c'est la santé.

Quand on est mort c'est pour longtemps :
Quoique vieille, la chose est sûre.
Profitons dans notre printemps
Des bontés de dame Nature ;
Dieu fit l'eau, ce fade nectar,
Pour la grenouille et le canard ;
    Mais, pour le lapin,
    Noé fit le vin.
Chagrin, plus vite qu'*aspergès*, etc.

Fidèle au maître du logis,
Du lapin la sensible épouse
Donne des soutiens au pays,
Dix à la fois, quelquefois douze ;
Et ces enfants devenant grands,
Aussi gaîment que leurs parents,
    Fêtent tour à tour
    Le vin et l'amour.
Chagrin, plus vite qu'*asperges*, etc.

De Dieu nous chantant les travaux,
Poètes blonds à l'eau de rose,
Croyez-vous auprès des ruisseaux
Vous bien inspirer de la chose ?
Dans un verre de rouge vieux,
Mes amis, vous trouverez mieux ;
    On y voit que vin
    Rime avec divin.
Chagrin, plus vite qu'*aspergès*, etc.

LES FLEURS DU SOUVENIR

Air du Bouquet fané.

J'aime les fleurs, quand la nature
Reverdit au soleil d'été ;
Je vais aux champs, sur la verdure,
Respirer un air embaumé.
Et de plus, j'ai sous ma fenêtre
  Un rosier bien cher à mon cœur,
Car il est doux de se repaître
De souvenirs : c'est le bonheur.
Rosier chéri, fraîches et blanches roses,
Ah ! par pitié, n'allez pas vous flétrir ;
Restez longtemps, oui, bien longtemps écloses,
Soyez pour moi la fleur du souvenir.

Ce frais rosier, il me vient d'elle.
« Tiens, ami, » me dit-elle un jour.
Elle ajouta, ma toute belle :
« En souvenir de notre amour. »
Aussi ces fleurs, dans ma chambrette,
Elles sont un trésor précieux,
Car elles charment ma retraite
Et leur aspect me rend heureux.
    Rosier, etc.

Dès le matin je les arrose,
Et l'aurore vient les parer ;
Puis au soleil je les expose,
Et leur parfum vient m'enivrer.
Chacune d'elles me rappelle
Le premier jour où je la vis ;
Je lui promis d'être fidèle,
Ah ! que n'aurais-je pas promis !
    Rosier, etc.

Qu'elle était grande, mon ivresse !
Que j'étais heureux ce jour-là !
Lorsque, cédant à ma tendresse,
L'Amour de faveurs me combla.
Mais, depuis quelques jours, l'ingrate
Semble presque me délaisser.
Notre amour a deux mois de date,
Deux mois ! il faut bien l'excuser.
    Rosier, etc.   PRUDENCE.

AMOUR ET PATRIOTISME

CHANSON-PARODIE

*Adieux touchants d'un jeune gandin dans la panne,
à sa portière... qui a une fille.*

Air : *Amour et fanatisme.*

Portière aux yeux d'Argus, dont le vilain nez prise,
Je vais déménager, bien loin je dois partir.
En quittant ton garni, lorsque la Seine est prise,
Sans flanelle et sans bas, de froid je vais mourir.
    Pourquoi faut-il que la loi me défende
De rester sous ce toit? Mon terme est acquitté.
    Je m' donn' de l'air, le huit me le commande,
    Sans savoir où cacher ma pauvreté.

Je voulais à ta fille abandonner ma vie,
Vivre de p'tit salé, de saucisses et de choux.
J'aurais quitté pour elle Agathe et Pélagie,
Coco, mon noir coursier, dont chacun est jaloux.
    Pourquoi faut-il, etc.

Je vois ses grands yeux bleus rester secs et sans larmes...
J'm'étais mis l'doigt dans l'œil! Adieu donc, plus d'espoir!..
Cache-moi son visage et ses odieux charmes;
Ici je dois jurer de ne jamais la voir.
    Oh! oui, ça m' bott', que la loi me défende
De rester sous ce toit! Mon terme est acquitté.
    J' vais en Syri', l' dieu Mars me le commande,
    Pour conquérir et gloire et liberté.

MAXIME GUFFROY.

GIROFLÉ, GIROFLA

RONDE ENFANTINE

La Musique se trouve chez **A. HURÉ**, libraire-éditeur, à Paris,
rue Dauphine, 44, près le pont Neuf.

Que t'as de belles filles,
Giroflé, Girofla!
Que t'as de belles filles,
L'amour m'y compt'ra.   *(bis.)*

Pas seul'ment la queue d'une,
Giroflé, Girofla!
Pas seul'ment la queue d'une,
L'amour m'y compt'ra.

J'irai au bois seulette,
Giroflé, Girofla!
J'irai au bois seulette,
L'amour m'y compt'ra.

Quoi faire au bois, seulette?
Giroflé, Girofla!
Quoi faire au bois, seulette?
L'amour m'y compt'ra.

Cueillir la violette,
Giroflé, Girofla!
Cueillir la violette,
L'amour m'y compt'ra.

Quoi fair' de la violette?
Giroflé, Girofla!
Quoi fair' de la violette?
L'amour m'y compt'ra.

Pour mettre à ma coll'rette,
Giroflé, Girofla!
Pour mettre à ma coll'rette,
L'amour m'y compt'ra.

Si le roi t'y rencontre?
Giroflé, Girofla!
Si le roi t'y rencontre?
L'amour m'y compt'ra.

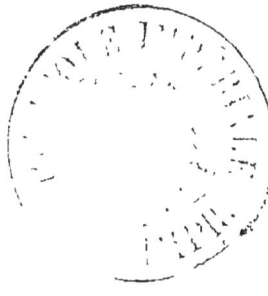

J' lui f'rai trois révérences,
Giroflé, Girofla !
J' lui f'rai trois révérences,
L'amour m'y compt'ra.

Si la rein' t'y rencontre ?
Giroflé, Girofla !
Si la rein' t'y rencontre !
L'amour m'y compt'ra.

J' lui f'rai six révérences,
Giroflé, Girofla !
J' lui f'rai six révérences,
L'amour m'y compt'ra.

Si le diabl' t'y rencontre ?
Giroflé, Girofla !
Si le diabl' t'y rencontre ?
L'amour m'y compt'ra.

Je lui ferai les cornes,
Giroflé, Girofla !
Je lui ferai les cornes,
L'amour m'y compt'ra.

ÉCRIRE FRANCO

A. HURÉ, libraire-éditeur, à PARIS

RUE DAUPHINE, 44, PRÈS LE PONT NEUF

Maison spéciale pour toutes les Publications en Musique
petit format, à **20, 25, 40, 50** et **60** centimes net

Commissions pour la province

Éditeur de la collection populaire

LES SUCCÈS

Cette collection renferme le choix le plus varié de Romances, Chansons, Chansonnettes, Scènes comiques et Duos. **525** livraisons sont en vente.

PRIX DE LA LIVRAISON : **20 cent.**, RENDUE FRANCO

Le Catalogue de cette collection sera adressé *franco* aux personnes qui en feront la demande par lettre affranchie.

Paris. Typ. Beaulé, rue Jacq. de Brosse, 10

LA MÈRE TRALALA

CHANSONNETTE

Paroles et musique d'Émile DURAFOUR.

La musique se trouve chez A. HURÉ, libraire-éditeur, à Paris,
rue Dauphine, 44, près le pont Neuf.

C'est une bonne vieille.
  Les buveurs, ses enfants,
La disent sans pareille,
  Malgré ses soixante ans.
Tout est fort bon chez elle
  Le vin comme le cœur;
Aussi sa clientèle
  Redit avec bonheur:
    Tra la la,
    Tra deri dera,
  Allons chez la mère
  Allons chez la mère } bis.
    Tra la la,
    Tra deri dera,
  Allons chez la mère
    Tra la la.

De chétive apparence,
  Ce simple cabaret
Offre, sans qu'on y pense,
  Plus d'un joyeux attrait.
La maîtresse est aimable
  Et fait un bon accueil
Au triste et pauvre diable
  Qui vient y boire à l'œil.
    Tra la la, etc.

Album du Gai chanteur.   4e Vol. 77 Livr.

C'est là que la Folie
Préside sans façon,
Car la mélancolie
Cède aux fougueux flon, flon.
Laissons à l'homme grave
Le grec et le latin,
Nous puisons dans la cave
Tout notre esprit de vin.
Tra la la, etc.

Pour charmer la pratique,
On voit dans le comptoir
Fillette magnifique,
Au teint frais, à l'œil noir ;
Sa blanche gorgerette
Fait loucher tous les yeux ;
Elle a nom Mignonette
Et dit aux amoureux :
He houp la la,
Tra deri dera,
Venez chez la mère,
Buvez chez la mère,
He houp la la,
Tra deri dera,
Venez chez la mère
Tra la la.

LA BÊTISE

CHANSON

Paroles de **Henri TURENNE**.

Air : *Turlurette.*

Je voudrais être au Pérou
Lorsque je suis sans le sou;
Cela fait perdre la tête,
   On est bête, *(bis)*
  Vraiment on est bête.

Du malheureux qui n'a rien,
On dit rarement du bien.
Il entend cette épithète :
   « Qu'il est bête! *(bis.)*
  » Grands dieux, qu'il est bête! »

Qu'un Crésus fort bien vêtu
Bien nourri, chargé d'écu,
Vive en triste anachorète
   Il est bête, *(bis.)*
  Vraiment il est bête.

Qu'un vieillard espère un jour
Être aimé d'un tendre amour
Par une jeune fillette;
   Il est bête, *(bis.)*
  Vraiment il est bête.

Qu'une femme aux vilains yeux
Me parle de ses aïeux
Quand elle est laide et mal faite;
   Elle est bête, *(bis.)*
  Vraiment elle est bête.

Qu'une insensible beauté
Soit sans amabilité,
Ne pensant qu'à sa toilette;
   Elle est bête, *(bis.)*
  Vraiment elle est bête.

Si vous trouvez ma gaieté
Sans originalité,
Je dirai, pauvre poète :
   Je suis bête, *(bis.)*
  Vraiment je suis bête.

LETTRE D'UNE DE CES DAMES
A SON MONSIEUR

CHANSONNETTE

Copiée par Adolphe JOLY. Musique de L. BOUGNOL.

La Musique se trouve chez **A. HURÉ**, libraire-éditeur, à Paris, rue Dauphine, 44, près le pont Neuf.

Je vous écris, monsieur le comte,
A Trouville, au bord de la mer;
Dois-je croire ce qu'on raconte?
Vous prenez les *os*, mon très-cher?
Depuis que vous êtes touriste,
J'ai le cœur sens dessus dessous;
Pour me calmer, quand je suis triste,
Je fais le lansquen' à dix sous.

Rien de bien nouveau dans Lutèce:
On flâne au bois, au boulevard;
On va reprendre la Lucrèce:
Ça doit bien surprendre Ponsard.
On sert, à la Maison Dorée,
Du suprême à la Monselet
On voit revenir la marée:
L'huître abonde sur le galet.

Rigolboche a pris sa retraite,
Et Léotard trapèze ailleurs.
Frou-Frou va lancer une traite
Sur la caisse de deux tailleurs.
Guenuche ne veut plus d'artiste:
Ils lui causent trop d'accidents;
Depuis qu'elle a pris un dentiste,
Elle rit pour montrer ses dents.

Mon beau peignoir en moire antique,
Cher Gaston, me va comme un gant;
J'ai l'air d'un portrait authentique
Livré par le monde élégant.
Envoyez-moi donc cent guinées:
Souvent je me coiffe à la chien,

Et je n'ai que des fleurs fanées ;
L'or dans les cheveux fait très-bien.

Si vous gagnez à la roulette,
Comte, pensez souvent à moi.
Je ne rêve plus que toilette ;
Je veux être belle pour toi.
J'apprends Phèdre ; monsieur Bocage
Dit que je vaux la Champmeslé :
Ça corse bien un paysage ;
Sur ce, trois baisers à la clé !

Le gros lord Black tombe en syncope
Quand j'apparais (plus qu' ça d'amour) !
C'est au fond d'un stéréoscope
Que ce vieux m'entrevit un jour.
Je vous l'avouerai, sans mystère,
J'apprends à faire le pudding ;
Prenez bien garde à l'Angleterre :
Lord Black est un monsieur sterling.

Le petit Chose est fou d'Adèle :
Adèle a des yeux éloquents.
L'épingle noire et la chandelle
Sont avocats... pas de cancans !
Elle est fraîche comme une alose,
On répète ce qu'elle dit,
Mais Piver lui fournit son rose,
Et le Figaro son esprit.

Bobinard popote à la Bourse :
On doit l'exécuter jeudi ;
La vieille mame la Ressource
Veut lui faire explorer Clichy.
Faucachon boit comme un gros chantre
Il épouse dans les faubourgs :
Le misérable prend du ventre
Et commet d'affreux calembourgs.

Adieu ! Gaston, revenez vite,
Je m'endette avec le portier ;
Le terme approche... enfin, j'évite
Les visites du pâtissier ;
J'ai besoin d'une berthe en cygne :
Ça tient chaud et c'est très-bon ton
Adieu !... je vais souper, je signe
La chérie à son beau Gaston

LE PEINTRE & SON MODÈLE

CHANSONNETTE
Par Paul de KOCK

La Musique se trouve chez **A. HURÉ**, libraire-éditeur, à Paris, rue Dauphine, 44, près le pont Neuf.

Arrivez donc, mon aimable modèle,
J'ai mon sujet, et je vais concourir.
Comme Vénus, vous êtes jeune et belle,
C'est elle ici que vous allez m'offrir.
Aux grands talents je veux qu'on m'assimile;
Par un chef-d'œuvre, enfin je veux briller!...
Surtout, Rosa, vous serez bien tranquille,
Souvenez-vous que je vais travailler?

Otez ce châle, ôtez cette coiffure;
Vénus, ma chère, avait moins d'ornements;
Dans mon sujet elle perd sa ceinture,
Dépouillez-vous de tous vos vêtements.
Placez-vous là, sur ce trône fragile;
Que votre bras vous serve d'oreiller;
Surtout, Rosa, tenez-vous bien tranquille,
Souvenez-vous que je veux travailler?

Vraiment, Rosa, vous êtes ravissante!
Que de beautés, quels gracieux contours!
Le pied mignon, la jambe séduisante;
Vous êtes bien la mère des Amours.
Souriez-moi, cela vous est facile,
Tous vos appas, je dois les détailler...
Surtout, Rosa, tenez-vous bien tranquille,
Souvenez-vous que je veux travailler?

Mais d'où vient donc que ma main est tremblante,
Que je ne puis diriger mon pinceau?
Mon cœur palpite et ma tête est brûlante;
Je ne saurais commencer mon tableau.
Pour aujourd'hui mon génie est stérile.
Eh bien! Rosa, pourquoi te rhabiller?
Reste donc là... Je serai bien tranquille,
Figure-toi que je vais travailler.

LA FÊTE DE M. POTASSE

SCÈNE COMIQUE

Paroles et musique de A. BOULANGER.

La Musique se trouve chez **A. HURÉ**, libraire-éditeur, à Paris, rue Dauphine, 44, près le pont Neuf.

INTRODUCTION

La fête de M. Potasse, ancien épicier droguiste, retiré des affaires, est racontée par madame Birocau, sa grand'tante, à madame Tricot, ravaudeuse de bas, sa voisine ; elle lui donne les détails les plus circonstanciés des plaisirs dont elle fut enivrée dans cette agréable réunion, et s'exprime en ces termes :

REFRAIN.

On parl'ra longtemps dans l' carquier
D' la fêt' de Potass', de Potass'.
On parl'ra longtemps dans l' carquier
D' la fêt' de Potass' l'épicier.

Hier c'était la saint Pancrac',
La fête de monsieur Potass';
Ah ! qu'à vous, m'a p'tite, j'ai pensé !
Comm' vot' gosier s'en s'rait r'passé !
    Qu' c'était beau !
    Mèr' Tricot,
  Jamais, ma voisine,
  J' n'ai vu tant d' cuisine.

(*Parlé*) Ah ! voisine, je peux dire que dans ma vie j'ai z'été à bien des noces et à bien des fêtes ; mais jamais, jamais, au grand jamais! je n' m'ai amusée comme à c' tell' là... Faut être juste, aussi, monsieur Potasse a fait les choses dans le grand genre; il y avait tout c' que l'homme peut désirer : du veau rôti, chacun son litre, des civets d' lapins, et des vrais, car j'ai vu toutes les têtes. On peut dire que c'était une table abondamment servie, tant en légumes, salade de pissenlit et toute espèce de fricot quelconque. Enfin, ma chère, croireriez-vous qu'il y avait jusqu'à du mou de veau, z'et de la tripe, et des petits ofs-d'œufs ; des radis... des radis noirs, des cornichons... N'y en avait qu' deux, mais ils étaient beaux! Y a Filasse, le marchand d' chanvre, d' la rue d' la Corderie, un des convives, qui les a pesés par plaisir; ils pesaient cinq livres z'et demie z'à eux deux, c'était comme des concombres. Y n'y avait pas d'anchois, mais y avait des z'harengs salés qu'étaient d'une grosseur inorme, c'était comme des carques. Enfin c'était très bien aussi, c'est ce qui m' fait dire que... (*Au refrain.*)

    Sans farce, d' l'oseill' dans l' potage,
    D' la rai' qui piquait, c'est dommage !
    L' festin de Balthazard, vraiment,
    Près d' celui-là n' s'rait qu'un enfant ;
        Au dessert,
        Rien d' trop cher,
      Y avait, ma p'tite,
    D' la pomm' de terr' frite.

(*Parlé.*) Y avait jusqu'à d' l'anguille de mer... Moi qui f'rais des bassesses pour c'te gueuse de marée; c'est vrai, j'en mangerais sur la tête d'un Amour! A piquait z'un peu l'anguille... c'est-à-dire, qu'a piquait beaucoup. Ah! c'est égal, j'en mange pas encore tous les jours d'aussi fraîche que ça. J' m'en ai fourré... Ah! dieu sait comme! Y avait z'avec ça *des gros petits pois* qu'étaient d'une tendresse, c'était une petite rosée... Et l' dessert! Tout ce que *Pumone* peut produire de bien et d' grandeur présidait z'à c' banquet (*D'un air étonné.*) Vous n' connaissez pas *Pumone*?... Diable! on voit bien que vous n'avez pas lu votre histoire de France! C'était la déesse du Soleil. Mes parents m'ont donné de l'*inducution*; j'en ai su profiter, voisine, v'là tout... j' m'en glorifie pas... Le dessert se composait de *guignes*, de p'tites blanquettes (*petites poires jaunes*), et d' groseilles à *maquereau*, et d' la patisserie à la *loque* Y avait des chaussons d' *pommes*, des *nouvolies*, des *ta'mousses*, y avait (*se frapper le front comme pour se rappeler*) z'encore des... ah! mon Dieu! C'est Pommerol qui les a apportées dans l' fond d' sa casquette... c'était tout plein de mousse de savon... des (*méringues, dire*) *tringles*! Enfin l' tremblement. N'y avait pas d' confitures, mais y avait z'un raisinet d' Bourgogne qu'était rempli de petites poires... mais des poires tapées!... Enfin c'était très bien, aussi; c'est c' qui m' fait dire que... (*Au refrain*).

  Y avait un orgu' pour musique.
  Lorsque monsieur Potass' s'applique
  Sus c't' instrument là, c'est fini,
   Il pass' pour un Papagoni...
    Quel bel air!
    Quel concert!
  On eût dit qu'un' fée
  Nous ram'nait Morphée.

(*Parlé.*) Monsieur Potasse est de première force su l'orgue de Barbarie, c'est-à-dire qu'il en joue d'une manière délirante. Y avait des *rafraîchissoires* de deux sortes... du vin pour les hommes et de l'eau rougie pour les dames... Y avait même de l'eau clarifiée pour les enfants. Quel dommage, voisine, que ces jours-là z'on n'eût pas deux ventres! A propos, vous m'avez manifesté l'intention de manger d' l'écrevisse (*Faire le mouvement de fouiller à sa poche.*) En v'là justement z'un morceau que j' vous ai conservé, acceptez-le d'amitié. Ah! ne faites pas attention, c'est z'un peu de mie de pain z'et de tabac qu'a tombé dessus; mais, du reste, il est fort propre. J'ai z'oublié d' vous dire qui y avait le père Bourichon, l' nourrisseur d' la rue de la Laiterie, qu'a pour enseigne: *Bon lait et œufs de la vache noire*. Vous voyez ben qu' vous l' connaisserai d' la manière que j' vous dépeigne. Et puis on a dansé. Mamz'elle Badoullard, qu'est extrêmement fort pour la danse, elle a dansé la *Pourichinelle*, tout l' monde montait sus les tables pour la voir. Ce diable de père Bourichon, qu'est un farceur de première classe, y m'a fait danser toute la nuit; ah! si nous avions valsé une danse de plus, j'étais une femme... enfin j'étais... éperdue, mais ça s'est très bien passé, aussi c'est c' qui m' fait dire que... *(Au refrain)*.

    L' gala s'est fait chez l' pèr' Tripette,
    A la barrièr' de la Cunette.
    Les toilett's, ah! qu'c'était brillant!
    J'avais un costum' très-flambant;
        En gigot,
        Mèr' Tricot,
    J'étais ravissante,
    Vrai! j'étais flambante.

(Parlé.) Je vous prie de croire que j'étais encore bien, voisine, pour mon âge. J'aurais pu cacher z'aisément six bons mois. Et puis fallait nous voir en descendant d' la Cunette... on aurait payé six francs pour voir ça. Nous descendions seize par seize en chantant: *Les montagnards sont réunis*. Y avait la mèr' Madou, la marchande d'*alumettes*, qui chantait: *Des feurions bravant la piqûre*. Et puis Pommerol, le chiffonnier, chantait: *Le noble éclat du diadême ici n'a point séduit mon cœur*, et puis on s'appelait les unes aux autres *(dire avec diverses intonations)* Eh! Chamel! eh! Crampon! eh! Saboule! eh! Gaboulard! Y était aussi, Gaboulard. En v'là un drôle de farceur, et qui chante bien! C'est l'ancien président d' la société des *Lapins*, qui tenait ses séances chez M. Lelièvre, rue du Pont-aux-Choux, à l'enseigne du *Chat qui file*. Il a chanté la romance de *Madame Denis*. Ah! voyez-vous, ma chère, c'était à se tortiller, y jetaient des pierres dans les carreaux; les voisins s' mettaient aux f'nêtres; y prenaient les pot z'à fleurs; y' leux y jetaient une foule de choses; nous étions fait, Dieu sait comme; mais ne ris donc pas comme ça, grand' folle. *(Dire en riant jusqu'à la fin.)* Mamz'elle Badoulard, qu'avait s'extrêmement fatigué z'à la danse, a été z'obligée de prendre un *omnibus*. Et, en montant, elle s'a déchiré sa robe depuis le haut jusqu'en bas, et on y a vu, ah! mais, c'est qu'ça y est, qu'on y a vu... sa jarretière. Mais, sauve ça, on s'est bien amusé. Aussi, c'est c' qui m' fait dire que... *(Finir en riant aux éclats et saluer d'un air très sérieux.)*

    Longtemps on parl'ra dans le carquier
    D' la fête de Potasse l'épicier.

COLINETTE

CHANSONNETTE

Par COUSIN JACQUES

La Musique se trouve chez **A. HURÉ**, libraire-éditeur, à Paris, rue Dauphine, 44, près le pont Neuf.

Colinette au bois s'en alla,
En sautillant par-ci par-là ;
Tra la deri dera, tra la deri dera.
Un beau monsieur la rencontra,
Frisé par-ci, poudré par-là ;
Tra la deri dera, tra la deri dera.
« Fillette, où courez-vous comm' ça ?
— Monsieur, j' m'en vais dans c' p'tit bois-là
Cueillir la noisette. »
Tra la deri dera, tra la deri dera.
  N'y a pas d' mal à ça,
    Colinette,
  N'y a pas d' mal à ça !

A ses côtés l' monsieur s'en va,
Sautant comme ell', par-ci, par-là,
Tra la deri dera, tra la deri dera.
« Où v'nez-vous, monsieur, comme ça ? »
— Je vais avec vous dans c' p'tit bois-là,
Tra la deri dera, tra la deri dera.
Mais jusqu'à temps qu' nous soyons là,
Chantons gaiement par-ci par-là,
La petit' chansonnette.
Tra la deri dera, tra la deri dera
  N'y a pas d' mal à ça,
    Colinette,
  N'y a pas d' mal à ça !

L' monsieur lui dit, quand ils fur'nt là :
« Asseyons-nous sur ce gazon-là,
Tra la deri dera, tra la deri dera. »
Sans résistance il l'embrassa,
Et p'tit à p'tit, et cœtera,
Tra la deri dera, tra la deri dera.

La pauvre fille, en sortant d' là,
Garda l' silence et puis pleura !
  Personn' ne répète :
Tra la deri dera, tra la deri dera.
  N'y a pas d' mal à ça,
    Colinette,
  N'y a pas d' mal à ça !

Pendant quelqu' temps l' monsieur resta
Et puis après il décampa ;
Tra la deri dera, tra la deri dera.
  Colinette en vain s' dépita,
  Plus d'amoureux ne s' présenta...
Tra la deri dera, tra la deri dera.
  Tout comme un' peste on l'évita ;
  Pour s' moquer d'elle chacun chanta
    D'vant sa maisonnette :
  Tra deri dera, la, la, la,
La, la, la, la, tra la deri dera.
  N'y a pas d' mal à ça,
    Colinette,
  N'y a pas d' mal à ça !

ÉCRIRE FRANCO

A. HURÉ, libraire-éditeur, à PARIS

RUE DAUPHINE, 44, PRÈS LE PONT NEUF

Maison spéciale pour toutes les Publications en Musique petit format, à **20, 25, 40, 50** et **60** centimes net

Commissions pour la province

Éditeur de la collection populaire

LES SUCCÈS

Cette collection renferme le choix le plus varié de Romances, Chansons, Chansonnettes, Scènes comiques et Duos. **525** livraisons sont en vente.

PRIX DE LA LIVRAISON : **20 cent.**, RENDUE FRANCO

Le Catalogue de cette collection sera adressé *franco* aux personnes qui en feront la demande par lettre affranchie.

Paris. Typ. Beaulé, rue Jacq. de Brosse, 10

LA PICARDE

HISTOIRE DU TEMPS PASSÉ

Paroles de TURPIN DE SANSAY. Musq. de A. GIRIN.

La musique se trouve chez A. HURÉ, libraire-éditeur, à Paris,
rue Dauphine, 44, près le pont Neuf.

C'est dans la Picardie,
Le pays d'où j'étais,
I' avait tré gentils hommos,
Tous tré z'amoureux d' mé.
  Eh! d' virtingué!
    I n'doro, *(bis)*
  Et sus ma fé,
    Eh! youp!
  I n'aime qu' mé!

L'un était l' fils d'un comte,
L'autre était l' fils d'un ró;
L'autre était l' fils d'un prince
C'est o' tilà que j'aimais.
  Eh! d' virtingué! etc.

Quand il entrait en danse,
Faut voir comme il sautait.

Album du Gai chanteur.   4e Vol. 78e Livr.

Il avait une bague,
Il me l'a mis au dé.
   Eh! d' virtingué! etc.

Mon père voyant la bague
I' m' dit : C' que l' gas aim' té?
J' veux ben du mariage,
Mais d's amoureux jamais.
   Eh! d' virtingué! etc.

Il saisit une trique
Et chassa l' comte et l' ré;
Mais j'avais caché l' prince
Dessous mon affiquet.
   Eh! d' virtingué! etc.

Pour le r'mercier de sa bague,
A m' n'amoureux j' donnai
Tout aussitôt la mienne...
Il y r'passa son dé...
   Eh! d' virtingué! etc.

Curpidon, gentil sire,
Tu m'as bien enchêpé;
L'amour, Dieu, qué martyre!
Mais on en rit après.
   Eh! d' virtingué! etc.

Mais t'a coup d' bague en bague,
M' n'amoureux s'est usé;
Si ben qu' des tré gent's hommes
I' n' reste qu'un p'tit miochet.
   Eh! d' virtingué! etc.

LE CID

CHANT CHEVALERESQUE

Par CHATEAUBRIAND

Musique de DALVIMARE.

Prêt à partir pour la rive africaine,
Le Cid, armé, tout brillant de valeur,
Sur la guitare, aux pieds de sa Chimène,
Chantait ces vers que lui dictait l'honneur.

Chimène a dit : « Va combattre le Maure;
» De ce combat surtout reviens vainqueur.
» Oui, je croirai que Rodrigue m'adore
» S'il fait céder son amour à l'honneur. »

Donnez, donnez, et mon casque et ma lance;
Je prouverai que Rodrigue a du cœur;
Dans les combats, signalant sa vaillance,
Son cri sera pour sa dame et l'honneur.

Maure vanté par ta galanterie,
De tes accents mon noble chant vainqueur
D'Espagne un jour deviendra la folie,
Car il peindra l'amour avec honneur.

Dans les vallons de notre Andalousie,
Les vieux chrétiens chanteront ma valeur;
Il préféra, diront-ils, à la vie,
Son Dieu, son roi, sa Chimène et l'honneur.

LE GASTRONOME

CHANSON

Air : *J' suis né paillasse* et *Mon papa*, etc.

Réputé pour mon appétit,
  Ma vie inimitable
Se passe de la table au lit
  Et du lit à la table;
    Devant les bons mets,
    Je n'aurai jamais
  L'humeur atrabilaire;
    Chacun a ses goûts,
    Moi, que voulez-vous?
J'aime la bonne chère.

Quand on prépare ces diners
  Qu'à mes yeux rien n'égale,
L'estomac, la bouche et le nez,
  Tout en moi se régale.
    Le moindre fumet
    M'enchante et me met
  Dans une extase chère;
    S'il me semble bon,
    C'est que le garbon
Prédit la bonne chère.

J'engloutis avant mon repas
  Des litres de madère,
Et que de fois entre mes plats
  Je ressaisis mon verre!
    Ensuite échauffé,
    Après mon café,
  Je fume et prends la bière,
    Puis vient un brûlot
    Suivi de vin chaud :
Voilà la bonne chère.

Mon gros visage rubicond
  Sourit à la volaille
Et d'une pièce de mâcon
  J'ai la forme et la taille.
    Quand je veux marcher,
    Vite on va chercher
  Le curé, le notaire :
    Pour moi le trépas

Dépend d'un faux pas
Ou de la bonne chère.

Quand j'étais jeune et plus petit,
  O souvenances douces !
J'avais toujours, sans contredit,
  Dix femmes à mes trousses ;
    Mais puisqu'à présent
    La mienne prétend
  Que je ne puis rien faire·
    Pour m'en consoler
    Et me régaler,
  J'aime la bonne chère.

Fi du médecin ignorant
  Qui va prêchant la diète ;
Moi, dès qu'un malaise me prend,
  Je remplis mon assiette.
    Brillat-Savarin,
    Ton livre divin
  Fait mon anti-dotaire ;
    Je m'en trouve bien,
    Puisque, nom d'un chien !
  J'aime la bonne chère.

Peintres, musiciens et savants,
  On vous prône, que diantre !
Mais vos chefs-d'œuvre, bien que grands,
  N'emplissent pas le ventre.
    La célébrité
    Vaut moins qu'un pâté,
  Selon l'art culinaire ;
    En fait de tableaux,
    D'opéras nouveaux,
  J'aime la bonne chère.

Tout en couronnant un guerrier,
  L'histoire, à qui tout touche,
Réserve un rameau de laurier
  Pour l'officier de bouche.
    Si le grand Jean-Bart,
    Sur son banc de quart,
  Écrase l'Angleterre,
    La mort de Vatel
    Le rend immortel,
  Grâce à la bonne chère.

EMILE CARRE.

RIEN QU'UNE FOIS

CHANSONNETTE

Par PAUL DE KOCK.

Air : *Faut l'oublier*.

Rien qu'une fois, c'est peu de chose
En amitié comme en amour;
Pourtant d'un malheur sans retour
Rien qu'une fois peut être cause;
Mais aussi pour fixer son choix,
Pour rencontrer fidèle amie,
Et jurer de suivre ses lois,
Il ne faut, souvent, dans la vie,
    Rien qu'une fois.

Rien qu'une fois fait un coupable,
Rien qu'une fois fait un heureux;
Une fois peut briser des nœuds
Et rendre un sentiment durable.
Vainement un jeune minois
En amour compte sur ses charmes,
Le plaisir est court quelquefois!
Mais on ne verse pas de larmes
    Rien qu'une fois.

Rien qu'une fois peut satisfaire
Celui qui ne veut que de l'or;
Qu'une fois il trouve un trésor,
Il n'aura plus de vœux à faire;
Mais quand l'Amour, en tapinois,
Rend coupable fille jolie,
On en trouverait peu, je crois,
Qui, de l'être, n'aurait eu l'envie
    Rien qu'une fois.

Rien qu'une fois ne peut suffire
Aux désirs qui brûlent mon cœur;
Quand on a connu le bonheur,
Après le bonheur on soupire!
Quoi! n'entendrai-je plus ta voix,
Toi que j'aime! toi que j'adore!
Je fus plus heureux autrefois...
Permets que je le sois encore.
    Rien qu'une fois.

LA BACCHANTE

CHANSON DE TABLE

Paroles de CH. COLMANCE. Musique de J. JAVELOT.

La Musique se trouve chez **A. HURÉ**, libraire-éditeur, à Paris, rue Dauphine, 44, près le pont Neuf.

De côte rôtie
La table est garnie;
Prolonge l'orgie
Par ton chant divin,
   Bacchante,
   Piquante, } *bis.*
   Qui chante
   Le vin.
   Qui chante
   Le vin.

Le champagne écume,
Le maryland fume.
Ta gaité rallume
Le feu du festin.
   Bacchante, etc.

Que sous ta basquine
Ta taille est divine!
Que ta jambe est fine
Sous ton brodequin!
   Bacchante, etc.

Fraîche comme l'onde,
Ta couronne blonde
A grands flots inonde
Ton cou de satin.
   Bacchante, etc.

Ta voix enfantine
Par instant domine
De ta mandoline
Le timbre argentin.
 Bacchante, etc.

De ta bouche ardente
La note vibrante
S'échappe brillante,
Comme d'un écrin.
 Bacchante, etc.

Chante aussi la guerre,
L'air, les eaux, la terre,
Les cieux, le tonnerre,
L'univers enfin.
 Bacchante, etc.

Les coupes s'emplissent,
Nos mains applaudissent,
Nos refrains s'unissent
A ton gai refrain.
 Bacchante, etc.

Les flacons ruissellent,
Nos raisons chancellent,
Vingt regards appellent
Ton regard mutin.
 Bacchante, etc.

Mais voici l'aurore,
Chante, chante encore!
Que ton chant sonore
N'ait jamais de fin,
 Bacchante,
 Piquante,   } *bis*,
 Qui chante
  Le vin!
 Qui chante
  Le vin.

LE
ROI DES PLAISIRS

CHANSON

Par PANARD.

La musique chez A. HURÉ, libraire-éditeur, rue Dauphine, 44.

Sous des lambris où l'or éclate,
Fouler la pourpre et l'écarlate,
Sur un trône dicter des lois :
   C'est le plaisir des rois !
Sur la fougère, sur l'herbette,
Lire dans les yeux de Lisette
Qu'elle est sensible à nos soupirs :
   C'est le roi des plaisirs !   (*bis.*)

Quelque part que l'on se transporte,
Être entouré d'une cohorte,
Voir des curieux jusques aux toits :
   C'est le plaisir des rois !
Quand on voyage avec Sylvie,
N'avoir pour toute compagnie
Que les Amours et les Zéphirs :
   C'est le roi des plaisirs !   (*bis.*)

Posséder des trésors immenses,
Briller par de riches dépenses,
Commander et donner des lois :
   C'est le plaisir des rois !
Toucher l'objet qui sait nous plaire,
Par un retour doux et sincère
La voir sensible à nos désirs :
   C'est le roi des plaisirs !   (*bis.*)

Agir et commander en maître,
Avec la poudre et le salpêtre
Fortement appuyer ses droits :
   C'est le plaisir des rois !
Quand le tendre enfant nous couronne,
Tenir du cœur ce qu'on nous donne,

Ne rien devoir qu'aux doux soupirs :
   C'est le roi des plaisirs !   (*bis.*)

Des plus beaux bijoux de l'Asie
Parer une beauté chérie,
En charger sa tête et ses doigts :
   C'est le plaisir des rois !
Voir une petite fleurette
Toucher plus le cœur de Nanette
Que perles, rubans et saphirs :
   C'est le roi des plaisirs !   (*bis.*)

Quand on est heureux à la guerre,
En informer toute la terre,
Publier partout ses exploits :
   C'est le plaisir des rois !
Lorsque l'Amour nous récompense,
Goûter dans l'ombre et le silence
Le fruit de nos tendres soupirs :
   C'est le roi des plaisirs !   (*bis.*)

Avec une meute bruyante
Remplir la forêt d'épouvante,
Réduire les cerfs aux abois :
   C'est le plaisir des rois !
Avec une troupe choisie,
Chasser à grands coups d'ambroisie
La douleur et les vains soupirs :
   C'est le roi des plaisir !   (*bis.*)

Donner dans une grande fête
Des concerts à rompre la tête,
Où l'on entend mugir cent voix :
   C'est le plaisir des rois !
Dans un petit repas tranquille,
Par quelque gentil vaudeville,
Du cœur exprimer les désirs :
   C'est le roi des plaisirs !   (*bis.*)

A des flatteurs, dont la souplesse
S'avilit jusqu'à la bassesse,
Donner souvent les beaux emplois :
   C'est le plaisir des rois !
Verre en main, près de ce qu'on aime,
Railler ceux qu'une ardeur extrême
De l'ambition rend martyrs :
   C'est le roi des plaisirs !   (*bis.*)

L'ILE DES BOSSUS

CONTE CHANSON

Paroles d'Hégésippe MOREAU. Musique de J. ROMEU.

La Musique se trouve chez **A. HURÉ**, libraire-éditeur, à Paris, rue Dauphine, 44, près le pont Neuf.

REFRAIN

Dans le pays des bossus
Il faut l'être ou le paraître;
Les dos plats sont mal reçus
Au pays des bossus.

Un jour, le vent moqueur y jette
Un puiné de Jean de Calais;
Jean débarque et prend sa lorgnette :
Tudieu! tudieu! que ces magots sont laids!
    Et Jean, d'un air superbe,
    Ssourit à chaque pas,
    Car il est un proverbe
    Que Jean ne connait pas.

D'un air triomphant il s'étale
Le soir aux Bouffes; mais soudain
Autour de lui, de stalle en stalle,
Bourdonne un rire de dédain.
    Maint faiseur d'épigramme
    Crie : A la porte! il va
    Faire avorter le drame
    Et la *dona diva*.
      Dans le pays, etc.

Jean le comprit, et d'une haleine
Vite à son auberge il courut
Endosser deux bosses de laine,
Puis dans le monde il reparut;
    Et soudain chaque belle,
    Prise à ce tour subtil,
    Du beau polichinelle
    Voulut tenir le fil.
      Dans le pays, etc.

Mainte vieille, à la dérobée,
Epuisa pour lui soins et fard;
Maintes fois sa bosse est tombée
Aux pieds d'une autre Putiphar;
   Enfin pouvant à peine
   Suffire à son bonheur,
   Jean d'une énorme reine
   Fut... l'écuyer d'honneur.
    Dans le pays, etc.

Mais du roi Pouf il vit la fille;
L'auguste enfant, des plus jolis,
Epouvantail de sa famille,
Avait poussé droit comme un lis.
   De ce côté sans cesse
   Jean soupire et, vainqueur,
   Aux pieds de la princesse
   Met sa bosse et son cœur.
    Dans le pays, etc.

Tous deux s'esquivent: Bon voyage!
Puis en France ils vont saintement
Ajouter à leur mariage
La formule du sacrement.
   Bref, de sa double bosse,
   Inutile à Calais,
   Pour danser à la noce,
   Jean se fit des mollets.
    Dans le pays, etc.

Il eut un enfant, deux, trois, quatre,
Fut échevin et marguillier,
Vit des abus sans les combattre,
Ecouta des sots sans bâiller;
   Et, vieux, de la jeunesse
   Devenu le Mentor,
   Au sortir de la messe,
   Il fredonnait encor:
    Dans le pays, etc.

ÉCRIRE FRANCO

A. HURÉ, libraire-éditeur, à PARIS

RUE DAUPHINE, 44, PRÈS LE PONT NEUF

Seul propriétaire des chansons contenues dans l'**Album du Gai chanteur.**

(Reproduction complètement interdite.)

Paris. Typ. Beaulé, rue Jacq. de Brosse, 10

LES
JOLIS YEUX
DE MA VOISINE

ROMANCE

Paroles de

A. BOUFFIER (de Valence)

Musique de

F. ARNAUD

La Musique se trouve chez **A. HURÉ**, libraire-éditeur, à Paris
rue Dauphine, 44, près le pont Neuf.

Quand vos beaux yeux sur moi lancent leur vive flamme,
Devant vous je frissonne et je me sens trembler;
Un feu doux et brûlant vient embraser mon âme,
Mon cœur bondit de joie et je n'ose parler.
Votre enivrant regard m'interdit, me fascine;
Près de moi je crois voir un ange radieux.
Ah! croyez-moi, je suis fou, ma voisine, } *bis.*
Oui, je suis fou, fou de vos jolis yeux!

Laissez-moi vous aimer et vous voir dans un rêve!
Je ne veux pas troubler votre paisible cœur.
Que pour vous chaque jour dans le calme s'achève!
Je ne demande rien, rien que votre bonheur!
Car les pleurs faneraient votre grâce divine,
Votre front blanc et pur deviendrait soucioux.
Il ne faut pas qu'un nuage, ô voisine,   } *bis.*
Puisse voiler les rayons de vos yeux!

Si vos beaux yeux, un jour, me disaient : « Je vous aime. »
Si vos lèvres tout bas daignaient me l'affirmer,
Je mourrais de bonheur à cet aveu suprême!
Mais, vos yeux me l'ont dit, vous ne pouvez m'aimer!!!
Si je dois succomber au mal qui me domine,
Pour calmer la douleur de mes derniers adieux,
Promettez-moi d'être là, ma voisine;   } *bis.*
Je veux mourir en regardant vos yeux!

CAR VOUS NE M'AIMEZ PAS

Air : *Il est trop tard.*

Hier encor, trompé par vos caresses,
En votre foi je croyais sans détour ;
Le cœur, madame, a parfois ses faiblesses,
J'eus celle, moi, de croire à votre amour ;
Mais aujourd'hui que froidement je songe
A cet amour, je me dis qu'ici-bas :
Tout n'est, hélas ! que chimère ou mensonge, } bis
Car je vois bien que vous ne m'aimez pas.

Vos yeux si doux, vos lèvres enivrantes,
M'ont si souvent fait rêver le bonheur,
Que je croyais ces lèvres si brûlantes ;
Elles mentaient comme ment votre cœur.
Elles mentaient, car dans les bras d'un autre,
Je vous ai vue. Ah ! restez dans ses bras ;
Je prends mon cœur et je vous rends le vôtre, } bis.
Car je vois bien que vous ne m'aimez pas.

Tout votre amour n'était donc qu'une feinte,
Et vos serments d'ironiques serments ;
Et des baisers, votre amoureuse étreinte,
De faux baisers et de faux sentiments.
Amour, bonheur, doux rêves d'espérance,
Tendres sentiments, ils ne sont plus, hélas !
Je reste seul, seul avec ma souffrance, } bis.
Car je vois bien que vous ne m'aimez pas.

PRUDENCE.

LA FERMIÈRE

ROMANCE

Par HÉGÉSIPPE MOREAU

La Musique se trouve chez A. HURÉ, libraire-éditeur, à Paris,
rue Dauphine, 44, près le pont Neuf.

Amour à la fermière ! Elle est
　Si gentille et si douce !
C'est l'oiseau des bois qui se plaît
　Loin du bruit dans la mousse ;
Vieux vagabond qui tends la main,
　Enfant pauvre et sans mère,
Puissiez-vous trouver en chemin
　La ferme et la fermière !

De l'escabeau vide au foyer
　Là, le pauvre s'empare,
Et le grand bahut de noyer
　Pour lui n'est point avare ;
C'est là qu'un jour je vins m'asseoir,
　Les pieds blancs de poussière ;
Un jour... puis en marche ! et bonsoir
　La ferme et la fermière.

Mon seul beau jour a dû finir,
　Finir dès son aurore ;
Mais pour moi ce doux souvenir
　Est du bonheur encore :

En fermant les yeux, je rêvais
L'enclos plein de lumière,
La haie en fleurs, le petit bois,
La ferme et la fermière.

Si Dieu, comme notre curé
Au prône le répète,
Paye un bienfait (même égaré),
Ah! qu'il songe à ma dette!
Qu'il prodigue au vallon les fleurs,
La joie à la chaumière,
Et garde des vents et des pleurs
La ferme et la fermière.

Chaque hiver, qu'un groupe d'enfants
A son fuseau sourie,
Comme les anges aux fils blancs
De la vierge Marie!
Que tous, par la main, pas à pas,
Guidant un petit frère,
Réjouissent de leurs ébats
La ferme et la fermière.

Envoi

Ma chansonnette, prends ton vol!
Tu n'es qu'un faible hommage;
Mais qu'en avril le rossignol
Chante et la dédommage;
Qu'effrayé par ses chants d'amour,
L'oiseau du cimetière
Longtemps, longtemps se taise pour
La ferme et la fermière.

L'HIRONDELLE

ET LE PROSCRIT

ROMANCE

Paroles de FOUGAS. Musique de J. D. DOCHE.

La Musique se trouve chez **A. HURÉ**, libraire-éditeur, à Paris,
rue Dauphine, 44, près le pont Neuf.

Pourquoi me fuir, passagère hirondelle?
Ah! viens fixer ton vol auprès de moi!
Pourquoi me fuir lorsque ma voix t'appelle?
Ne suis-je pas étranger comme toi?   (*bis*.)

Peut-être, hélas! des lieux qui t'ont vu naître
Un sort cruel te chasse ainsi que moi;
Viens déposer ton nid sous ma fenêtre,
Ne suis-je pas voyageur comme toi?

Dans ce désert le destin nous rassemble;
Va, ne crains pas d'y rester avec moi.
Si tu gémis, nous gémirons ensemble,
Ne suis-je pas exilé comme toi?

Quand le printemps reviendra te sourire,
Tu quitteras et mon asile et moi;
Tu voleras au pays du zéphire :
Ne puis-je, hélas! y voler comme toi?

Tu reverras ta première patrie,
Le premier nid de tes amours... et moi
Un sort cruel confine ici ma vie :
Ne suis-je pas plus à plaindre que toi?

DE FIL EN AIGUILLE

PROVERBE

Paroles de P. MÉRIGOT. Musique de P. BLAQUIÈRE.

La Musique se trouve chez **A. HURÉ**, libraire-éditeur, à Paris.
rue Dauphine, 44, près le pont Neuf.

Charmante ouvrière,
　Fillette au cœur d'or,
Chacun te préfère
　Au plus beau trésor;
Mais pourquoi, mutine,
　Mépriser l'amour?
Va, je le devine,
　Il viendra, ton tour.
Fillette gentille
　Un jour aimera; } *bis.*
De fil en aiguille,
　Faut finir par là.

　L'amoureux, ma chère,
　　A l'esprit subtil;
　Afin de vous plaire,
　　Il offre du fil.
　Il offre une aiguille,
　　Des fleurs, des chansons;
　Le soir, en famille,
　　Du vin, des marrons.
　　　Fillette, etc.

Pendant que l'on chante
　Un refrain joyeux,
L'amoureux tourmente
　Et parle des yeux.

Muette éloquence,
 Ton langage plaît,
Car l'Amour commence
 A lancer un trait.
  Fillette, etc.

De cette veillée
 Le doux souvenir
Vous tient éveillée :
 C'est peine et plaisir.
Votre cœur regrette
 Les instants du soir,
Et tout bas répète :
 Je voudrais le voir.
  Fillette, etc.

Croyez-moi, ma belle,
 Ne jurez de rien :
Chez la plus cruelle
 Un jour l'amour vient.
Fermez la fenêtre,
 Portes et verroux,
Et le petit traître
 Passera dessous.
  Fillette, etc.

LA
GALERIE ZOOLOGIQUE

SCÈNE COMIQUE

Paroles et musique d'**Auguste BOULANGER**.

La Musique se trouve chez **A. HURÉ**, libraire-éditeur, à Paris,
rue Dauphine, 44, près le pont Neuf.

INTRODUCTION

Madame Duvet, la marchande d'édredon qui restait au *Pigeon Ramier*, rue du Vieux-Colombier, sort de la rue Pastourel, blanche comme un cygne et légère comme une plume ; elle va voltiger, tout en gazouillant, comme un oiseau de ses propres ailes, jusque chez madame Dumillet, la marchande de chenevis de la Halle aux blés. Après les compliments d'usage, elle lui raconte les tribulations, émotions, sensations et palpitations qu'elle a éprouvées à la dernière représentation des animaux de la ménagerie du boulevard du Temple, et s'exprime en ces termes :

    Pendant q' vous brossez vot' chaussure,
    Mam' Dumillet, j' vas vous conter,
    D'un tas d' bêt's qu'on a su dompter
    Les philomèn's hors de nature.

Primo d'abord et d'un. Comme c'était mon chemin, et que je voulais voir ce fameux lingot d'or, j'ai voulu voir, j'ai vu. Ah ! ma chère, que d' monde qui donne vingt sous pour l'avoir, ce lingot ; mais, pour le moment, les administrateurs se contentent d' leur faire voir le tour... du lingot. Moi, qu'est pas bête, je m' suis dit : J'en prendrai pas, d' billet, ça sera plus sûr. Tout en trottinant, me v' là arrivée aux *Filles du Calvaire* ; c'est là qu'on fait *station*. C'est justement sur l'ancien terrain de la Galiote qu'ils ont bâti leur cabane, qu'est grande comme l'arche de Noé. Bon, que je m' dis, puisque c'est là dedans où sont les bêtes, entrons-y. J' prends un des billets les plus hauts, parce que les prix sont plus bas ; et, pour mes cinquante centimes, me voilà placée comme un ange. Madame Dumuguet, la marchande de fleurs de la rue des Acacias, m'avait dit qu'on avait pêché tous ces animaux-là dans l'Arabie... Heureuses... que je m' dis, les personnes qui entrent là-dedans ; elles doivent en sortir parfumées. Eh bien ! je vous prie de croire que ça ne sent pas l' *musc*. Il vous arrive constamment des émanations qui sont pis qu'une fuite de gaz ; ça vous prend à la gorge d'une manière atroce. Par exemple, les personnes qui aiment cette odeur la paient deux francs, parce que ça sent plus mauvais aux premières ; c'est au point qu'on est obligé de leu z'y brûler d' l'encens sous l' nez. Ça fait que, quand il y a deux représentations, ça sent *l'encens soir et matin ;* malgré cela, vous êtes obligée d'avoir vot' mouchoir sur la figure, ce qui vous en fait faire une drôle. Par bonheur que j'avais emporté mon flacon des quatre-voleurs, ce qui n'a pas empêché qu'on me vole ma tabatière. Heureusement qu'elle était vide. Celui qui me l'a *prise* est un peu volé, pas un grain de tabac dedans. Y faut croire qu'il n'avait pas d' nez. Que Dieu l' bénisse ! Quelle mauvaise prise pour lui ! Pour me consoler, on nous donne une aubade de quatre instruments qu'on avait justement accrochés au-dessus de la porte d'entrée, une vraie musique pour faire danser les ours ; ça m'a fait tant d' plaisir, que je ne cesse de répéter :

Dieu, voisin', la bell' ménag'rie,
Y n'y manq' vraiment q' des chameaux ;
V'nez-y donc, la bell' compagnie
S' donn' rendez-vous aux animaux.

Il vous les empoign' par la nuque
Quand il veut lutter avec eux ;
T'néz, ça vous f'rait dresser les ch'veux,
Si vous n' portiez pas un' perruque.

Ça m'a défrisé quand j'ai vu c' t' homme-là coiffé à la mal-content, j'ai dit : Faut qu'il ait un fameux toupet pour s' créper avec ces ours-là. Je suis bien sûre qu'il n'a pas peur qu'on lui fasse la queue pour ça. Là-dedans, chacun dit la sienne : Les uns disaient que les voyages leur coûtaient extrêmement cher, qui n'y avait que sur la nourriture qu'ils se rattrapaient ; moi, j'ai dit : C'est peut-être rapport à ce que ces insectes grignotent quelques voyageurs le long du chemin, ça les alimente toujours un peu, ces pauvres bêtes. Voilà qu'on nous fait l'explication des animaux ; puis un petit monsieur, déguisé en Grand Turc, qu'est attaché au *Linocéros*, dont il est l'interprète, nous a dit que ce léger volatil à quatre pattes était d'une douceur angélique, mais que, pendant une tempête qui éclata dans la traversée, il devint tellement furieux que, d'un seul coup de l'opposé à sa tête, il avait failli faire sombrer le vaisseau, ce qui fut cause qu'il avait été obligé de lui scier les dents avec un morceau de *fer... blanc* dedans le bâtiment marchand, cinglant vers le levant du couchant du port d'Orient. Si ça n'est pas vrai, je veux que le tonnerre vous écrase en sortant d'ici. On nous annonce l'entrée de monsieur Charles dans la cage des deux lions *plumés*, ainsi nommés parce qu'ils n'ont pas de crinière, ce qui fait qu'ils ne sont pas *si craints*. Attention générale ! J'aurais donné... deux sous pour que vous soyez là. (*Au refrain*.)

    Avant d'entrer, craint' d'amicroches,
    L'on prétend qu'il fourr' avec soin,
    Pour leur *magnotiser* l' grouin,
    Des barr's de fer roug's dans ses poches.

(*Parlé*.) Enfin, c'est brûlant... d'intérêt. Voilà le moment des émotions qui commence : il frappe à la porte : pan, pan, pan, pan ; monsieur Charles attend, mais, comme personne ne répond, il entre, l'air dégagé, la cravache à la main, et sans dire ni bonjour ni bonsoir à personne, absolument comme quelqu'un qui entre dans une... cage ; il s' met à vous secouer ses lions comme des pruniers. J' croyais voir des lions féroces et j' n'ai vu que des *lionceaux* ; et après une conversation entr'eux qui ne parvient pas jusqu'à moi, il sort tout seul, attendu qu'il ne veut pas qu'on le reconduise, et je vous prie d' croire que les spectateurs n'en sont pas fâchés. On entre dans la cage du tigre royal. Ah ! voyez-vous, ma chère, personne ne respire ; le moment de l'annonce et de son entrée dans la

chambre à coucher de ce monsieur, c'est quelque chose d'horrible pour le public, rapport à ce qu'on sait que son tigre a une dent contre lui : enfin le voilà dedans. Moi j' dis : Comme il entre d'un air assuré!
— Il l'est aussi, me répond un petit monsieur, c'est même moi qui lui ai fait son assurance. — Sur quoi?
— Sur la vie. — Eh ben! mais, dites donc, si son tigre royal voulait faire de lui la bouchée du roi, qué qu' ça ferait, votre assurance? — Notre compagnie lui payerait des dommages-intérêts qui lui serviraient de caisse de retraite; ses associés ont tout prévu, il n'y a pas le moindre danger pour lui. — Eh ben! avec votre assurance sur la vie, moi, mon avis est que je ne voudrais pas risquer ma vie. Monsieur Charles entre chez les *trois hyènes*; je me figurais le voir enlever la belle *Hélène*. Eh ben! excusez, c'est moi qui n' serais pas *Grec* pour ces trois hyènes-là. Il leur sert à dîner, mais il paraît que lui n'aime pas la viande saignante, car il n'en mange pas; la collation faite, il donne pour dessert, du sucre à l'une, des croquignoles à l'autre, serre d'amitié la patte de la troisième, et va rendre une visite de politesse à quatre amours de lions qui lui font patte de velours et le reçoivent avec tous les égards dus à son rang. Puis il revient faire travailler son éléphant, qui exécute plusieurs danses de caractères; y a fait danser la *Godiche*, mais avec une grâce, un laisser-aller! j'croyais voir une jeune fille abandonnée sans défense. Ça m' fait penser qu'il n'en a pas d' défenses, ça y est peut-être défendu. Il joue de plusieurs instruments et s'accompagne très-bien sur l'accordéon; il joue même de la trompette avec sa trompe sans se tromper; aussi, pour le récompenser, son maître l'invite à dîner tout d' bout; il lui met une serviette au cou; j'ai cru qu'on allait le raser, mais c'est lui qui rase les plats qu'on lui apporte. Il est servi par un petit bonhomme qu'est adroit comme un singe. J'ai cru reconnaître le petit Jacot, le fils de ma portière; et, pour la clôture, on vous annonce deux serpents qu'on ne vous montre pas. Malgré ça, j'en suis sortie tout émerveillée, et je me disais :

Si c' monsieur Charl's aime les belles,
Ce gaillard-là peut, sur ma foi,
Apprivoiser les plus rebelles.
Dieu veuill' qu'il n' commenc' pas par moi!

Avez-vous vu ma Femme?

CHANSONNETTE

Chantée par M. FRANCE, au théâtre des Folies-Dramatiques

Paroles de M. FRANCE. Musique d'A. LINDHEIM.

La Musique se trouve chez A. HURÉ, libraire-éditeur, à Paris, rue Dauphine, 44, près le pont Neuf.

INTRODUCTION

(*Il entre avec des lettres à la main.*) Ah! des malades, des malades, tant pis pour eux, s'ils sont malades! Je suis bien en train d'aller voir des malades, lorsque je cherche ma femme depuis deux jours. C'est vrai, ça, je vous demande un peu, je descends de chemin de fer, je rentre chez moi, et voilà ce que ma concierge me remet : des lettres des fermiers des environs; en voilà un qui m'écrit de Sceaux... Comment reviendrai-je pour chercher ma femme? (*Il met les lettres dans sa poche.*)

Ah! ah!
Qui donc me rendra Cornélie,
Ma femme chérie?
Ah! ah! ah!
Qui m' consolera?
Ah! ah!
Qui me coiffera?

Je t'aimais tant, ma Cornelie!
Avec toi, que j'étais heureux!
Comm' je coulais galment la vie!
Maint'nant des pleurs coul'nt de mes yeux.
Ah! je suis comme une âme en peine,
Je la cherch' par monts et par vaux,
Et j' suis pir' qu'un' borne fontaine,
Qui lâche dans Paris ses eaux.

(*Parlé.*) Pardon, messieurs, avez-vous vu ma femme? Mon Dieu, je vous demande un million de pardons... Je suis le docteur Cornélius Lecerf; je tiens à la Villette une maison de santé pour les lapins indisposés, et je cherche ma femme qui a disparu depuis deux jours, ainsi que mon voisin, un jeune homme charmant, et qui me voulait beaucoup de bien... un acteur des Folies Dramatiques.... un grand maigre.... et grêlé... qui joue les rôles d'amoureux et de farceur... Dans les pièces, c'est toujors lui qui fait les maris...

Comment dites-vous?... les maris... Il y a un mot pour ça. (*A l'orchestre, la clarinette fait: Coucou.*) Juste! merci, monsieur. Voyez pourtant comme on est : la disparition de ma femme en même temps que celle de mon voisin m'avait donné des idées .. des idées.... (*A l'orchestre, la clarinette fait: Coucou.*) C'est étonnant comme ce monsieur a l'intelligence développée... il vous en dit plus qu'on ne lui en demande. Hélas! ma pauvre Cornélie... qu'est-elle devenue?... elle qui m'aimait, qui me dorlotait... Nous nous donnions des noms d'oiseaux : je l'appelais ma petite poule, elle m'appelait son gros coq; eût-on pu croire qu'elle disparaîtrait. (*Au refrain.*)

> Cett' nuit, sans relâche ni trêve,
> Des song's ont troublé mon repos.
> Savez-vous ce que j'vis en rêve ?
> D'abord ce fut des escargots,
> Ensuit' toute la gent cornue,
> Chez moi, s'est donné rendez-vous,
> Jusqu'au cerf, cett' bêt' saugrenue
> Et ces oiseaux qu'on nomm' coucous.

(*Parlé.*) Le joli rêve que j'ai fait, hein ? Escargots, cerfs et coucous! heureusement pour moi, je ne suis ni superstitieux ni jaloux... Cornélie me disait souvent que je l'étais... Mais non, vrai, je ne suis pas. Enfin, voici son signalement, si par hasard vous la rencontriez, je promets une récompense honnête... une mèche de mes cheveux. Taille, cinq pieds six pouces... elle a six pouces de plus que moi. Figure ronde... elle est bien un peu ovale... mais je la crois plutôt ronde... à moins qu'elle ne soit carrée... enfin c'est une figure... ce n'est pas... c'est une figure!... Elle a les cheveux blonds... mais d'un beau blond... ce ne sont pas de ces blonds qui... de ces blonds que... non, non, c'est un de ces blonds... de ces belles couleurs... vives. . Et des yeux ! ah ! longs de ça... je crois pourtant qu'elle en a un plus petit que l'autre... oui, le gauche, à moins que ce ne soit le droit; et un nez! ah! quel nez! il ne faut pas croire que ce soit un nez... non, non, au contraire... c'est un nez ouvert, et joignez à cela un port de reine... et un pied de roi... treize pouces! (*Au refrain.*)

> Il est des maris qu' leurs femm's trompent
> Et qui vont l' crier sur les toits;
> D'autres, avec elles qui rompent
> Et qui les r'prenn't au bout d'un mois;
> Mais j'en connais d'humeur facile,
> Que ça n'empêch' pas de dormir.

Les tromper serait difficile ;
Car ils sav'nt à quoi s'en tenir.

(*Parlé.*) Mais avec Cornélie, il n'y a pas de danger... Oh! Dieu! j'en réponds sur ma tête. Enfin, puisque je ne la retrouve pas, je vais la faire afficher. Voyons donc si son signalement est exact. (*Prenant les lettres qu'il a mises dans sa poche.*) Qu'est-ce que c'est que ça? Ah! c'est pour aller voir mes malades. Ah! mon Dieu! mais celle-ci... c'est son écriture! Et madame Abeillard, ma concierge, qui ne me dit rien. (*Lisant.*) « Mon gros coq... » C'est elle! non, le gros coq, c'est moi... c'est elle qui m'écrit. « Mon gros coq, pendant que tu visites tes pauvres petits malades, je reçois une lettre de mon cousin, le fabricant de cornes... » Ce cher Arthur! J'ai remarqué que beaucoup d'Arthurs sont fabricants de cornes... de corne; « Il part pour le Mississipi; tu nous trouveras au Hâvre, à l'hôtel de ce nom; de grâce, mon loulou, dépêche-toi : ta petite poule Cornelie... » Ce!... Comment, voilà deux jours que madame Abeillard a cette lettre! Voyez de quels malheurs cette portière peut être cause! Le cousin de ma femme part; je ne l'embrasserai peut-être pas, ça le contrariera, j'en suis sûr, et moi, j'en ferai peut-être une maladie. Ma femme va lui dire adieu, moi, je cherche ma femme. Je pense à mon cousin, et ça me donne des idées biscornues. Je vous raconte tout cela, ça ne vous amuse pas, ça ne doit pas vous amuser. Mes lapins s'ennuient de ne pas me voir; ils crèvent tous; les marchés manquent, voilà des familles ruinées; il n'y a plus de gibelottes aux barrières, tout le monde est dans l'embarras; les traiteurs font la chasse aux chats : on les voit aux lucarnes tendre des piéges sur les gouttières; le braconnage étant défendu, le garde-champêtre arrive, on les empoigne, on les flanque en prison, on ferme leurs boutiques; faute de restaurants, les célibataires ne savent plus où aller dîner; la France s'émeut de tant de catastrophes qui peuvent arriver par la négligence d'une portière, alors on les supprime toutes, et les propriétaires sont forcés de tirer le cordon. Ah!

Hé! hé!
J'ai donc retrouvé Cornelie,
Ma femme chérie.
Hé! hé!
Je suis consolé,
Car je vois (*ter.*)
Qu' je suis né coiffé.

CROYEZ-VOUS ÇA

ou

QUI A BU BOIRA

Paroles et musique de

ÉMILE DURAFOUR

La Musique se trouve chez **A. HURÉ**, libraire-éditeur, à Paris, rue Dauphine, 44, près le pont Neuf.

Voyez passer ce vieil ivrogne,
Qui semble balancer au vent;
Chacun lit sur sa rouge trogne
Qu'il boit beaucoup, qu'il boit souvent.
L'autre jour je lui dis : Mon père,
Renoncez à ce défaut-là.
Il me promit d'un ton sincère
Qu'un jour il y renoncera.
    Croyez-vous ça? (*bis.*)
    Tra deri dera,
    Qui a bu boira. } *bis.*

La jeune femme de Jean Pierre
Fréquente son joli cousin ;
Oui, mais la semaine dernière
Le bon mari vit clair enfin.
D'abord, il veut tirer vengeance,
Lorsque la belle s'écria :
Par pitié, garde le silence,
Cette leçon me suffira.
    Croyez-vous ça? (*bis.*)
    Tra deri dera, etc.

Le jeu, ce délire cupide,
Fit de tous temps des malheureux ;
Du destin la pente est rapide,
Et l'homme est peu souvent heureux
S'il gagne il a l'âme contente,
S'il perd son or il grondera ;
Puis dira d'une voix tremblante,
Que jamais il ne rejouera.
    Croyez-vous ça? (*bis.*)
    Tra deri dera, etc.

Un beau soir la petite Rose
Disait au séduisant Lubin,
Qui lui demandait quelque chose :
Va, tu n'es qu'un esprit malin.
Sur ce, Lubin la prend, la presse ;
Je ne sais ce qui se passa,
Mais Rose dit avec tristesse :
Ha ! bien fin qui m'y reprendra.
    Croyez-vous ça? (*bis.*)
    Tra deri dera, etc.

LES PLOMBS DE VENISE

ROMANCE DRAMATIQUE

Paroles de M. CONSTANTIN. Musique de J. JAVELOT.

La Musique se trouve chez **A. HURÉ**, libraire-éditeur, à Paris, rue Dauphine, 44, près le pont Neuf.

REFRAIN

Pauvres gondoliers de Venise,
Qui rêvez de vos souvenirs,
Lorsque minuit sonne à l'Eglise,
Priez sous le pont des Soupirs! (*bis.*)

C'est l'heure où sa voûte fatale
Des cris de douleur retentit,
Car le Doge au front sombre et pâle,
Sans témoins, condamne et maudit!
C'est l'heure où grondent les tempêtes,
Et le crime et la trahison;
Où l'éclair, brillant sur nos têtes,
Sillonne l'infâme prison!
   Pauvres gondoliers, etc.

C'est l'heure où dans la cité sombre,
De la nuit le phare divin,
Sur les murs du palais plein d'ombre,
Projette un fantôme incertain!
C'est l'heure où l'ardente prière
De celui qui retourne à Dieu
Quitte ce séjour éphémère,
Et sans espoir vous dit: Adieu!
   Pauvres gondoliers, etc.

C'est l'heure où le fils cherche son père
A l'entour de ces murs maudits!
Pendant qu'il gémit, solitaire,
Sous les plombs du conseil des Dix!
Passants, lorsque chacun sommeille,
Aux derniers feux mourants du jour,
Tremblez! peut-être on vous surveille
Pour vous perdre, hélas! sans retour!
   Pauvres gondoliers, etc.

LA VEUVE POTIN

AU

JARDIN DES PLANTES

CHANSONNETTE

Air : *La Bohémienne en a menti.*

De la perte d'un tendre époux
Je suis vraiment inconsolable.
Bon feu, bon gîte et bonne table
Ne rendent pas mon sort bien doux.
Les théâtres, les bals, les fêtes,
Ne tentent plus mon cœur aigri...
Je ne vais qu'au jardin des *bêtes :*
Ça me rappelle mon mari.

Avec moi, ce pauvre Potin
Etait d'humeur assez paisible ;
Comme un *coucou*, son cœur sensible
Se révélait chaque matin.
Vois-je une serine coquette
Becqueter le beau *canari*,
Qui chante en lui contant fleurette ?...
Ça me rappelle mon mari.

Lorsque mon époux s'ennuyait,
Pour quitter son air d'épitaphe,

Il me menait voir la *girafe*,
Puis, seule, à l'*ourse* il m'envoyait.
Revoyant ce *martin* femelle
Grogner près de son *ours* chéri,
Des larmes voilent ma prunelle :
Ça me rappelle mon mari.

C'était, par la mode, un *lion*,
Aussi bien que par le courage ;
C'était le *coq* du voisinage,
On l'appelait beau *papillon*.
Pourtant, vois-je un *singe* gorille,
Qui, dans ses transports d'ahuri,
Fait rougir femme et jeune fille :
Ça me rappelle mon mari.

Quand j'entends de chaque animal,
— Non que mon défunt je dénigre, —
Le dicton : Jaloux comme un *tigre*,
Traître et sournois comme un *chacal*;
Fier comme un *paon*, fort comme un *âne*,
Hargneux comme un *chien* mal nourri...
— Que l'on m'approuve ou me condamne...
Ça me rappelle mon mari.

Un jour, que nous avions des mots,
Ayant bu pas mal de madère,
Il me traita de... *dromadaire*...
J'y pense en voyant les *chameaux*.
Ma colère alors fut sans bornes;
De l'amour, mon cœur fut guéri...
Quand je vois les bêtes *à cornes* :
Ça me rappelle mon mari.

Quoique redoutant l'embarras,
Je ne puis vivre solitaire,
Et j'ai chez moi, pour me distraire,
Un *perroquet*, deux *chiens*, trois *chats*;
Deux *corbeaux*, un *singe*, une *pie*
Prennent part au charivari...
Tout cela piaule, chante ou crie :
Ça me rappelle mon mari.

JULES CHOUX.

UN JOUR DE VENDANGE

CHANSONNETTE

Paroles de J.-B. COIGNET. Musique de CH. POURNY.

La Musique se trouve chez **A. HURÉ**, libraire-éditeur, à Paris,
rue Dauphine, 44, près le pont Neuf.

C'était par un jour de vendange,
L'air était frais, le ciel brumeux;
C'était par un jour de vendange,
Où la saison d'été se change
En jours sombres et nébuleux.
La nature vous semble étrange,
Les oiseaux même sont frileux.
Mais nous étions deux amoureux :
C'était par un jour de vendange.

Les feuilles tombaient par phalanges,
Elles couvraient un sol poudreux;
Les feuilles tombaient par phalanges;
Les oiseaux s'approchaient des granges;
Le vent soufflait dans nos cheveux :
C'était une musique d'anges.
Lise et moi nous étions heureux,
Nous allions au bois tous les deux :
Les feuilles tombaient par phalanges.

Il vint à passer un nuage
Qui fondit bientôt dans les airs;
Il vint à passer un nuage.
Tous deux blottis dans un bocage,
Au ciel scintillaient des éclairs.
Nous étions bien loin du village,
Echangeant cent baisers divers.
Nous oubliâmes l'univers...
Il vint à passer un nuage.

Voici la fin de l'aventure,
Quand le ciel reparut serein;
Voici la fin de l'aventure.
Lise rajustait sa coiffure,
Puis survint un vieillard malin
Qui nous dit : Quand la grappe est mûre,
On doit vendanger le raisin
Ou bien le laisser au voisin.
Voici la fin de l'aventure

TABLE

des

CHANSONS, ROMANCES, CHANSONNETTES et SCÈNES COMIQUES

Contenues dans le quatrième volume de

L'ALBUM DU GAI CHANTEUR

                                                         Pages.

61e Livraison.

Le petit Bordeaux, *chansonnette*.	1
Le petit Plumet.	3
Le Cabaret du Lapin-Blanc.	4
Les Chansons de Béranger, *chanson*.	6
La grrrrande Complainte de Pyrame et Thisbé, *duo-pot-pourri*.	7
Au Clair de la lune.	12

62e Livraison.

Le Vrai Momusien, *chanson bachique*.	13
L'Article anglais, *chanson*.	15
La Reine du Lavoir, *chansonnette*.	16
Les Machines, *chanson*.	18
Mort et Convoi de l'invincible Malborough.	19
Le petit Brinborion ou la Fée Berliquette, *conte*.	22

63e Livraison.

La Mère Michel et le Père Lustucru, *scène méli-mélo-tragi-comique*.	25
Le Chant du Départ.	31
Laisse-moi ton portrait.	33
La Fossette, *chanson*.	34
Les Rigoleurs, *chanson*.	35

64e Livraison.

Le Baptême, *scène comique*.	37
Les Sauteurs, *chanson*.	42
La Parisienne, *marche nationale de 1830*.	43
Le Chou, *rondeau*.	45
La Pluie et le Beau Temps.	47

65e Livraison.

Madame Dubrochet au bal de la Halle, *scène comique*.	49
Tout ce qui brille n'est pas or, *proverbe*.	54
Le Reste se devine, ou Thomas et Lisette, *gaudriole*	55
Un Cheveu.	58
La Grisette lyonnaise, *chansonnette*.	59

66ᵉ Livraison.

La Route de Besançon, ou la nouvelle Perrette, *chansonnette*.	61
Billet d'invitation adressé le matin du Mardi-Gras à Mam'selle Nini, la brunisseuse d'en face.	63
La Soupe aux Choux, *chanson*.	64
La Rose des Bois, *mélodie*.	66
Le Jeune Soldat, *chansonnette*.	67
Le Meunier Petit-Jean, *chansonnette*.	69
Être aimé et Mourir, *romance*.	70
George Sand à l'Académie.	71

67ᵉ Livraison.

Ça fait tant de plaisir et ça coûte si peu, *chansonnette*.	73
Le Bonnet de coton, *chanson de noce*.	75
Les Rubans de Pauvrette.	76
Le vieux Défenseur d'autrefois.	78
La Soirée d'un Troupier au décompte, *pot-pourri*	79

68ᵉ Livraison.

Le Tambour de Commune, *scène comique*.	85
Le Champagne et les Chansons.	90
La Bienfaisance, ou Honni soit qui mal y pense	91
Grimace, *chanson*.	93
Le Dessert, *chanson bachique*.	94
Le Conscrit Troubadour.	95

69ᵉ Livraison.

Le Barbier campagnard, *scène comique normande*.	97
Le Chevalier de Barbançon, *chansonnette*.	100
Mes beaux Jours sont passés, *romance*.	101
La Reine du Bal, *chansonnette*.	102
Mamsell' Françoise, *parodie*.	103
Canotier et Canotière, *duo aquatique*.	105
Le Bonheur méconnu, *chanson*.	107

70ᵉ Livraison.

Le Lutin d'argent, *chansonnette*.	109
L'Estime et l'Amitié, *mélodie*.	111
Les Hommes, c'est pas grand'chose, *chanson*.	112
Adieu, Séville, *barcarolle*.	114
C'est l' Métier qui veut ça, *chanson*.	115
Le Tambour de la Garde.	116
Comme on se monte le Coup, *parodie*.	117
Dans les Gardes françaises, *chanson ancienne*.	119

71ᵉ Livraison.

Un monsieur Timide, *aveu comique*.	121
Le vieux Ménétrier, *quadrille chantant*.	124
Donnez au Pauvre, *romance*.	126
Le Jeune et le Vieux, *chanson ancienne*.	127
Il est trop tard, le Bureau z'est fermé, *parodie*.	129
Les Biens de la vie, *chanson*.	130
Frisette, *chansonnette*.	131

72ᵉ Livraison.

La Poussière, *chanson*.	133
Taisez-vous donc, monsieur mon cœur, *chansonnette*.	135
Ronde épicurienne.	136
La Noce de ma Sœur, *chanson*.	138
La Tabatière, *chanson*.	139
Le Bon Curé, *chanson*.	141
Narcisse changé en fleur, *pot-pourri*.	142

73ᵉ Livraison.

Au pays du Berry, *ronde*.	145
La Fête de la Madone, *romance*.	147
La Crinoline, *chanson*.	148
L'Abandon, *romance*.	150
Une Soirée de Magnétisme, *scène comique à deux voix*.	154

74ᵉ Livraison.

Ronde du Carnaval.	157
David chantant devant sa mule, *parodie*.	159
Au diable les Gêneurs, *chanson*.	160
L'Amour et la Folie, *duo*.	162
Monsieur Curieux, *scène comique*.	163
A-t-il mal fait? *chansonnette*.	168

75ᵉ Livraison.

Mon p'tit Papa, *scène comique*.	169
Plus je vieillis, plus je d'viens bête, *chanson*.	172
Le manque de Mémoire, *chansonnette*.	174
La Belle Bourbonnaise, *chansonnette*.	175
Après un an d'absence, *romance*.	177
Margot la Lyonnaise, *parodie*.	178

76ᵉ Livraison.

Jupiter et les Poètes, *rondeau dramatique*.	181
Le Cœur du Peuple, *romance*.	186
Les Lapins, *chant bachique*.	187
Les Fleurs du Souvenir.	189
Amour et Patriotisme, *chanson-parodie*.	190
Giroflé, Girofla, *ronde enfantine*.	191

77ᵉ Livraison.

La Mère Tralala, *chansonnette*.	193
La Bêtise, *chanson*.	195
Lettre d'une de ces Dames à son Monsieur, *chansonnette*.	196
Le Peintre et son Modèle, *chansonnette*.	198
La Fête de M. Potasse, *scène comique*.	199
Colinette, *chansonnette*.	203

78ᵉ Livraison.

La Picarde, *histoire du temps passé*.	206
Le Cid, *chant chevaleresque*.	207
Le Gastronome, *chanson*.	208
Rien qu'une fois, *chansonnette*.	210
La Bacchante, *chanson de table*.	211
Le Roi des Plaisirs, *chanson*.	213
L'Ile des Bossus, *conte-chanson*.	215

79ᵉ Livraison.

Les jolis yeux de ma Voisine, *romance*.	217
Car vous ne m'aimez pas.	219
La Fermière, *romance*.	220
L'Hirondelle et le Proscrit, *romance*.	222
De fil en aiguille, *proverbe*.	223
La Galerie zoologique, *scène comique*.	225

80ᵉ Livraison.

Avez-vous vu ma femme? *scène comique*.	229
Croyez-vous ça, ou qui a bu boira.	232
Les Plombs de Venise, *romance dramatique*.	234
La Veuve Potin au Jardin des Plantes, *chansonnette*.	235
Un jour de Vendange, *chansonnette*.	237
Table des Chants du quatrième volume.	238

Paris. — Typ. Beaulé, 10, rue Jacques de Brosse.

www.ingramcontent.com/pod-product-compliance
Lightning Source LLC
Chambersburg PA
CBHW060130170426
43198CB00010B/1108